『聖書朝鮮』創刊時の６人
（前列右が宋斗用、その左が金教臣
後列右が咸錫憲）

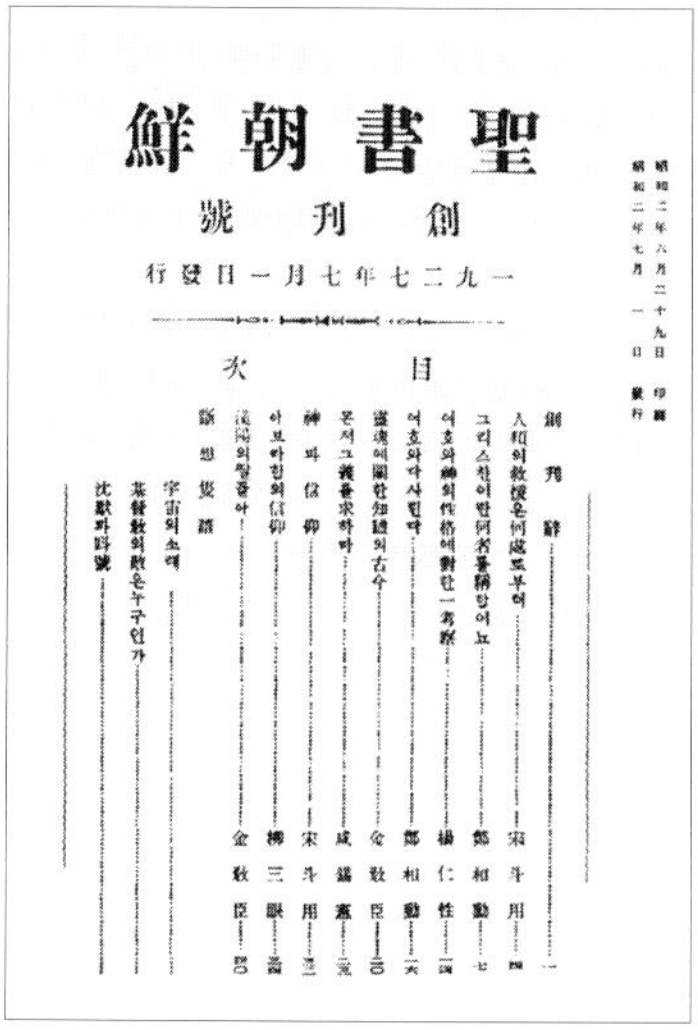

昭和二年六月二十九日印刷
昭和二年七月一日發行

聖書朝鮮

創刊號

一九二七年七月一日發行

目次

『聖書朝鮮』創刊号

韓国無教会双書　第 8 巻

信仰文集

上

宋斗用著

曺享均訳

皓星社

凡　例

一、本巻は『宋斗用文集』（宋斗用信仰文集刊行会・全六巻）より李瑨求氏が選び、『韓国無教会双書』第八巻「宋斗用　信仰文集上」とした。

一、難読の用語にはルビを、理解のむつかしい用語には（訳註・）として短く説明をつけた。

一、聖句引用は、特別な場合以外は、『口語訳聖書』（日本聖書協会）を使用した。

一、文中、現在では不適切とされる用語を使っているが、当時の表現として原文どおり使用して「癩病《ママ》」「南鮮《ママ》」のように表記した。但し頻出するものは初回のみに留めた。

一、文章の末尾の（　）内は、執筆年月、掲載誌名、巻号数を示す。但し、表記は必ずしも統一されておらず『宋斗用文集』のままを記す。「通巻」の号数は、一九四六年一月に刊行された『霊断』からの号数である。

序・死にもの狂いでぶら下がる信仰

咸錫憲

私が先にお話しをするようにとの指名を受けて、少し躊躇する気持ちもありますが、おそらくそれは、五十年前に宋先生と共に内村鑑三先生の門下に出入りして信仰の指導を受けた友人たちの中で、今日に至るまで生き残っている者は、今日この集いの為にわざわざ遠くから玄界灘を越えて来られた政池先生の外には、私一人しかおらず、また一番年長だという意味でのことのように思えて、お話しする機会を与えられ、有り難く存じます。辞退することなく、格別に順序や論理など考えもせず、心に浮かぶままに一言二言申し上げたいと思います。

まず何よりも、このように集まって、なんらの警戒心とか障壁や疑いの視線などなく、以前から知っていようがいまいが心配することもなく、お互いが開かれた心で人間らしく顔を合わせて、お話をすることができてとても感謝です。厳しい寒さに縮んでいた体がどこか暖かいオンドルの火口寄りの床にでもくつろいだような、炎天の中で疲《つか》れてしまい、どこか木陰の下にでも入って腰を下ろしているような、砂漠の中をさ迷ったあげくオアシスでも探しあてたような気持ちです。この国は砂漠のように人情が枯渇してしまいました。この社会は真夏の日のように、道理が萎えてしまいました。この民族の心は冬の夜のように信頼の心を失ってしまいました。それ故どこへ行っても息苦しく、手足を伸ばすことができず、言葉一つを言うことも聞くこともできません。そういった中で、この一時間を持つことができるということはどんなに有り難いことか、どんなに幸せな時間かわかりません。これは宋斗用という人の謙遜でたゆまない信仰を通じて、神様が私たちに与えて下さった恵みであります。

信仰の内なる立場では、いかなる状態においても不満というものはありえません。しかし一人の人間としては、世の中の世情がこのようになったのを見て、人生の黄昏に少なからぬ悲哀を感じます。そういう今の私にとって、大きな慰めになることがあるとすれば、それは裏小路の幼児たちです。朝夕にその小路を行き来しますと、あちらこちらの隅っこで戯れている子供たちを見受けます。ほんの僅かの間、その瞳《ひとみ》を覗いてやり、その手を握ってやると、ただ無条件に喜んで、「ハラボジ（おじいさん）、サンタクロースのハラボジ！」といって服の裾にぶら下がります。そういう時に私は自分の歳を忘れて、私の失敗の一生を忘れて、泥棒の巣窟のようなこの社会も皆忘れます。鼻汁をたらしこそすれ、彼らの中には天の息が出入りします。手に土埃はついていても、血はついていません。その瞳は朝露のように輝きます。私がこの世で息をひきとる瞬間、この地上でもう一度見たいものがあるとするならば、この子供たちの顔でしょう。「よく聞きなさい。心をいれかえて幼な子のようにならなければ、天国に入ることはできないであろう」（マタイ一八・二―）と言われたイエス様のお言葉を、最近本当に少し実感を持って感じ始めたのは、裏小路でのことです。

私が五十年間、宋兄と親しく交わってきて感じることは、いつ見てもどこかこの小路の子供たちのような点があることです。

やっていることに対してなかなか合意点に達しえ

ないことがある場合、お互い話し合いながら、私どもは、「君の心は私が知っている、僕の考えを君が知らないはずがない」という態なので、それ以上は進めなかったという反省の言葉を言ったことを記憶しています。灯台下暗しというように、知らないことが多いのです。近い間柄だからというわけで、お互いが一々聞かないからです。私も宋兄の細かいことは知りません。その育ちとか、暮しはどうやってしているのか、聞いてみたこともありません。事実こういうことはよい面もありますが、また良くない点もあるものです。信仰はいくら同じだといっても、性格と思想、物事を処理する方法が皆等しくはありえません。だから、彼も彼なりに、悩み、悲しみ、疑惑があるはずです。それをわかってくれるのが友であり、交わりとはそのためなのに、信仰という大きくて重大な面で同じなので、それを疎《おろそ》かにすることが多いのです。その点では今この場を借りてでも謝らなければなりません。しかし、具体的な宋斗用は知らなくても、一つのことだけは知っていて、それを証しすることができます。

宋先生は変わり者と言えば本当に変わり者で、それで職業を何度も変えましたし（本当を言えば職業を持てなかったと言うほうが正しいでしょうけれども）、引っ越しを何十回もしました。ところが今日に至るまで、その信仰だけは変わることなく一貫していました。このことは彼自身がそのように告白するのを聞いたこともあります。私などは、私自身は決してそうは思わないのですが、少なくとも他人の目には何回か変わったと思われました。五回変わったと言った人もいます。しかし、回数はともかく、変わったことだけは事実です。しかし、宋兄は既に東京で内村に会ってから今に至るまで、ただ一筋、と言わねばなりません。これは決して易しいことではありません。いつか塚本虎二先生が「信仰とは手放さないことです」と言われたことがあって、私も今日に至るまでそれを忘れずに教訓として心に刻んでおりますけれども、宋兄こそは手放さない人です。

幼時に聞いた面白い話があります。ある真実な青年が自分の牧師様に向かって「どうすればよく信じることができますか」と聞きました。牧師は教えてあげようと言って彼をつれて高い崖の上に登っていきました。崖の端に松の木が一本立っていますが、牧師は青年に向かって「あの松の木に登るように」と指示しました。青年は言われるままに登りました。ところがその木には崖のほうに伸びていった枝が一本ありました。牧師は青年に向かってあの枝の方へ進むようにと言いました。青年は怖いけれどもそのとおりにしました。そうしたところが、「両手でその枝を摑んでぶら下がりなさい！」と言うのでした。崖の下には何十丈も下のほうに青い波濤が波打っているではありませんか。青年はぶるぶる震えながら、地位も家も皆剝がれ落ちて、今やプルン（青空）も逆らうことができず、虚空にぶらりとぶら下がりました。牧師は、「さあ、ここで片方の手を放しなさい」と言いました。生命よりも大事な信仰のことを聞いた青年ですから、しないわけにはいきません。死にもの狂いで片方の手を離しました。そうしたところが、牧師は厳粛に「さあ、これで残りの手も離しなさい！」と言いました。考えてご覧なさい。いくら従順で真実な青年だからといっても、どうしてそれを離すことができましょうか。「牧師様、助けて下さい！」と哀願しました。「それなんだ！」と言って、再び牧師は青年に向かって下りてきなさいと言ったとのことです。

宋兄の、フエドク（懐徳）からチャンボン（長峰）島という孤島に至るまでの一生は、この木に登っていった青年と同じようなものでした。生命の綱が一つ一つなくなっていきました。多くの財産がなくなり、地位も家も皆剝がれ落ちて、今やプルン学園（訳註・宋斗用先生が始められた学校）を片手で握って、波逆巻《さかま》く海上の崖の上にぶらりとぶら下がっている状態です。私は彼が最後まで手放さないことを信じます。「神様助けて下さい！」と宋兄がご自分の口から言われたことを聞いたことがありますが、宋兄には復興師（訳註・リバイバリスト伝道師）になれる素質が豊かであります。私たちは互いに話し合いながら、「そうだよな、信仰だといって、本当に我々も巫女《みこ》のまねをせねばならないだろうかね」と言ったことがありますけれども、復興会だからといって必ずしも悪いものではありません。しかし、より高いものを願うべきだと思います。ところで宋兄が復興師になろうと思えばなれる素質をかなり持っていながらも、よくぞそうはならなかったということは、見上げたことであります。それはより高い恩恵を祈り求めたからであります。復興会にはどうしても人為的な感情が入りやすいものです。ごらんなさい、若くして聴衆を泣かせ笑わせて会衆を牛耳ったという復興師も、老いてはみな力が抜けてしまいます。生命は真《まこと》のうちにあるのであって、興奮にあるのではないからです。感情は長続きしないからです。もう一度目を見開いて宋先生に注目する必要があります。

どこでだったか今では記憶が定かではないのですが、矢内原忠雄先生（あるいは塚本先生だったかも知れません）のお言葉に、「内村先生が伝道に成功したのは、その信仰がどこまでも常識的な信仰だからである」と語られました。私はそれを大変立派な教訓として大事にしています。いつだったか、金教臣兄と話していて、「我々の信仰は冷水を掛けながら信じる信仰なんだ」と言いました。その言葉が『聖書朝鮮』のどこかにおそらく書いてあると思うのですが、信仰はもちろん理性のみではありません。理性を超越するのが信仰であります。しかし超越はしなければならないけれども、理性のテストに通過できないものは信仰ではありません。

またいつか内村先生が畔上賢造とか塚本とかいう彼の近い弟子たちに対して語られたお言葉の中に、「君たちは昼も夜も聖書聖書と言うけれども、私のように広く読書しないと駄目だよ」と、嬉しい冗談を言われたことがあります。冗談ではありません。信仰は決して興奮ではありませんが、また教理だけでも神学だけでもありません。私はいつも考えることですけれども、わが国には立派な職業的な専門の伝道者はいても、キリスト教の人物がいないのが欠点であります。キリスト教の人物とは他ならぬ、信仰を現実の生活の中に実現する人のことです。宋兄がもし牧師になろうとしたならいくらでもなれたはずです。そうしてかなり立派にやっただろうと思います。しかし、その牧師にならなかったところに宋兄の尊敬すべき点があります。

死にもの狂いでぶらさがっている宋兄の上に、神の恵みのザイル（綱）が下ってくるのを信じながら、話を終わりたいと思います。見当違い、言い間違ったところがありましたら、訂正してくださり、ご容赦くださいますようお願いします。ご静聴ありがとうございました。

（『聖書朝鮮』誌同人）

訳者註・この文章は一九七五年六月、「宋斗用先生信仰五〇年」の集いで、筆者が朴正熙独裁政権の監視下にあった時語られたものである。

韓国における私の友人たち宋斗用《ソンドゥヨン》兄

政池仁

宋斗用君は一九〇四年生れで、子供の時忠清南道永同面の宋家にもらわれて養子になった。養父は郡主で一〇〇町歩からの地主だった。「日韓併合」の土地調査の時、すぐ土地の登録をしたから総督府にとり上げられなくてすんだ。この養父は早く亡くなられたが、その財産のおかげで宋君は東京に出て勉学できた。

東京では内村鑑三先生の弟子永井久録氏の家に、他の友人たちと共においてもらっていた。大正十二年の大震災の時、暴徒が永井家に押しよせて来て「朝鮮人を出せ」と叫んだが、永井夫人が家の外に出て「うちにいる朝鮮人はみないい人ですから」といって彼らを一歩も家の中に入れなかった。

虐殺さわぎがおさまったので宋君は朝鮮に帰ったが、神経衰弱になり、夜はねむられず、恐怖感におそわれて何もできず、病気になって寝こんでしまった。ところが一人の天理教信者が毎日毎日やってきて、「天理教を信じれば病気が治る」といって熱心にすすめた。

この熱心ぶりを見て宋君は思った。「宗教というものの力は強いものだ、ひとの病気のために、こんなに一生懸命になる。天理教のような迷信でさえ人間をこんなに親切なものにするなら、真の宗教はどんなに人を善くするかわからない」と。宋君は東京で永井氏にすすめられて内村先生の聖書の講義を聞きに行っていたのであるが、お話が少しもおもしろくなく、いやいやながら聞いていたのである。しかし、もし信ずるならこの先生のいう所を信じたい、とは思っていた。

郷里で天理教信者の熱心な誘いにあって、「あんな迷信ではなくて真の宗教を求めて見よう。真の宗教ならあの内村鑑三先生のキリスト教以外にないはずだ。さあこれから立ち上って東京に行こう」と思い立ったら矢も楯もたまらず、すぐ荷物を作り始めた。それまでは病人として寝てばかりいて外出して歩くこともできなかった人が、急に東京に行くと言い出したのでお母さんは驚いて止めた。

しかし斗用君はお母さんのおさえる袖をふりきって荷物を持って出かけてしまった。このことは宋君自身にも、どこからこんな力が出たのかと今でも不思議に思っているという。こうして東京に着くと、病気はすっかり治り、内村鑑三先生のお話の一語一語が魂にくい入るようにひびいて聞えた。そしてイエス・キリストの十字架の福音を心の底から受入れて、感謝は胸にあふれた。

学校は渋谷にあった農科大学であった。しかし、数年ののちお母さんが帰れ帰れとしきりにいうので卒業しないで朝鮮に帰った。東京で農学を研究し、内村先生からは農業の貴い事業であることを教えられていたので百姓をしようと思ったが、お母さんは「両班は百姓をするものではない」といってさせてくれなかった。ヤンバン（両班）というのは高麗時代に始まった貴族階級で、両班、中人、常民、賎民、の四階級の最上級である。それで宋君は郷里を出て奥さんの実家のある梧柳洞（京城と仁川の中間の町）に行って奥さんの父から土地を借りてその小作人になった。

一九三〇年は内村先生のなくなられた年である。

二十六歳になった宋君は朝鮮人を善くするには農民の教育をせねばならぬと思って塾を開いて梧柳学園と名づけた。当時日本の総督府は朝鮮人の子供は一部しか小学校に入れてくれなかったので、貧しい者は文盲であった。そこで月謝の払えぬ貧しい子ばかり四、五〇名の生徒が集まった。学園は夜学で先生は宋君ともう三人であった。

そのうち生徒がだんだんふえて、六歳から十八歳まで二〇〇人以上にもなったので昼も授業することにした。そして、総督府の普通学校（小学校）が四年制から六年制になったので、梧柳学園も六年制にした。すると視学官がやって来て、「これでは学校と同じではないか。塾が学校と同じような高度の教育をしてはいけない」と言った。宋君は、なぜ高度の教育をしてはいけないかを理解できなかったので、視学官の命令を無視して教育し続けた。宋君の共働者に申翔哲氏という人がいた。頭脳明晰、思ったことは何でもずばずば言う勇気のある人間である。そして五山中学校という当局からは民族主義を教える学校だとにらまれていた平壌の近くの私立中学の出身であったので、警察が来て梧柳学園は独立連動をやっているのだろうと宋君を責めた。独立運動をしていたら申をやめさせよ、申をおくならこの塾をつぶす、とおどした。宋君は何度も申氏を弁護したが許されず、ついに申氏にしりぞいてもらわねばならなかった。こうしてこの学校は終戦後まで続いたが、李承晩時代に公立学校になったので、宋君は手を引いた。

この学園には宋君はいなかの土地を売ったりして財産をそそぎこんだ。また貧しい人には家を建ててやるなどのことをしているうちに、さしもの大財産もだんだん傾いていった。

また日本の統治時代に宋君は、いなかの広大な土地を小作人に解放した。しかも当時の土地の売買価格によらず、税務所の評定価格で売った。「それではただ同様ではないか」と親戚の者が言って忠告したが、初志を貫いた。小作人たちは喜んだが、人々はバカにした。しかし、この行為を見ていて感激して満腔の尊敬をこの人に払うにいたった人がある。それは金鳳国といって、この度の私の南部旅行にも同行し、宋君の旅費まで受け持った人である。案内して下さる宋君の旅費は当然私が受持つはずであったが、金氏が出して下さったので、私は金があまり、その金で宋君を日本に招いて、日本の人々に聖書の講義をしてもらうことにしたわけである。

戦争が終り、朝鮮は日本の統治から解放されたが、まだ韓国政府ができないとき、梧柳洞の町民は宋君を立ててこの地区の自治委員長にした。長いこと梧柳学園に財産をそそぎこんで、その校長をして来、かつ人格者として町民の信望を集めていたこの人以外にそれにふさわしい人はいなかったのである。

宋君は自治委員長として二つのことと闘わねばならなかった。一つは暴力的共産主義であった。いま一つは、人民たちの日本人迫害である。今まで我々をおさえつけていた日本人を、今こそひどいめに合わせてやれ、といって、朝鮮各地で日本人に対する迫害があったが、宋君は梧柳洞ではそんなことがないように極力務めた。あらゆる迫害のくわだてに反対し、それをおさえていた。

そこで町民の一部の者が、自治委員長にないしょで迫害を計画し、ある晩日本人の家を襲った。夜中に大さわぎが起ったので飛び起きて行って見ると、日本人たちがやられている。とび込んで行って、暴民たちを立ち去らせた。すると助けられた日本人は礼を言うかと思ったら、「このことは、あなたがそそのかしてやらせたのだろう、さんざん私たちをいじめてから、助けるまねをするとはけしからん」、と言ったという。その後も宋君は日本人たちが迫害されぬように保護し、土地その他の財産も没収することなく、ほしい人に相当の価格で買わせた。しかし、彼らは、帰国できるようになると一言のあいさつも言わないで立ち去った。

そのうちに李承晩氏がアメリカから帰り、韓国の政府ができ上った。そして各地の自治委員長はそのまま留って政治に参与した。しかし宋君には少しも権力欲がなく、キリスト教の伝道という彼の天職に帰った。宋君がもし、この自治委員長を足がかりに中央政府にのり出したなら、今ごろは韓国の要人となっていたであろう。

私は今まで宋君の現世的事業ばかり書いたが、宋君は東京にいる時から『聖書朝鮮』の同人の一人であり、帰国してから、ずっとキリスト教の伝道をしていた。梧柳学園は大きくなったから、外面的にはそれが宋君の事業のように見えたが、その最初の目的はイエス・キリストの福音を伝えることにあった。だから、この学園を手ばなして公立にし、自分はそれに関係しなくなった。校長として留まれば、もちろん留まれたのであるが、すべての人民の子が小学校教育を受けられるようになった今は、彼はそれを昔のように死守する必要を認めなくなったのである。

その後宋君は自活するためにいろいろな事業をした。時計商をしたこともある。しかし何一つこの世的には成功しなかった。

彼にできることは、まじめにイエス・キリストの福音をのべることだけであった。そして、今もそれだけは続けている。終戦後何年かした時に『聖書信仰』という雑誌を始めて、今日にいたっている。最初は漢字とカナ（朝鮮のカナ、いわゆる音文、あちらではハングルという）のまじったものであったが現在は音表文字（ハングル）だけを使っている。漢字の読めぬ人にも読ませようという努力がうかがわれる。

宋君は梧柳洞に移ったころは大きな邸宅に住んで

いた。しかしたびたび家を移って、移る毎により小さい家になった。今ある家は、宋君の集会の信者たちが金を出しあって、元の家を売った金に足して建てたものである。集会用の十二畳ばかりの部屋と住宅と一緒になっている白いモルタルぬりの、小ぎれいな建物であるが、元を知っている者たちは小さい小さいといっている。

元の家には電灯があったが、今はないので石油ランプで生活している。道路から少し離れた丘の上にあるので電柱二本ほどを自費で立てねばならぬ。しかしその不便をあまり意に介してはいない。夏は四時に起きれば電灯はなくても本が読めるからである。

宋君は金があっても毒されないし、なくても意に介しない。

「キリストのゆえに、私はすべてを失ったが、それらのものを、ふん土のように思っている」

「わたしは貧に処する道を知っており、富におる道を知っている。わたしは飽くことにも、うえることにも、富むことにも乏しいことにも、ありとあらゆる境遇に処する秘訣を心得ている」（ピリピ三・八、四・一二）

といったパウロを思わせる人である。

その意味において宋君は英雄である。したがって、その周囲に集まって信仰生活を共にしている人々は多くはないが、みな生命を打ち込んで神につかえている。内村先生に直接学んで三位一体の信仰を保持し、かつ伝えている人は、韓国では今では宋君一人である。『聖書朝鮮』事件で宋君が一カ年投獄されたことは別項に書いた。

宋君は自分のことはあまり語らぬ。中泰来氏がいろいろ私に話して下さって私も初めて知ったのである。しかし申氏から手短かに聞いただけではよくわからぬので、南部への旅行中に私が宋君自身に質問してこれだけのことを知った。

宋君は私が韓国を去るにあたって、テープレコーダーによって一つのメッセージを日本に送った。それには、

「韓国の不幸は、日本の侵略のためで、それは謝罪に来た政池君の言った通りであるが、また、それには韓国人自身の責任も大いにある」

とある。こんなことが言える韓国人は少いと思う。その意味において尊敬すべき偉大なる人物である。

（『聖書の日本』主筆）

目次

宋斗用信仰文集　上

宋斗用信仰文集　上

人類の救いは何処《いずこ》より？

わたしは世の中には確かに奇跡というものがあることを信じて疑わない。人生の大事小事をはじめとして、自然の状態または天体の運行、その他宇宙万物の一切の現象は、全て奇跡でなければ何であろうか。しかし、特に奇跡の中でも奇跡というべき事は、実にキリスト者の信仰である。それは肉眼で見ることができないことはもちろんのこと、人間のすべての能力を尽くしても、とうてい接することのできない神を真なる神として信ずる信仰、即ち、神は万物の創造者であられ、宇宙の主宰者にいまし、人類の救済者であることを信ずる信仰、また、何はともあれ、神御自身だけは永遠に変わることなき実在者であることを信ずる信仰である。

誰がこれを否認すると言おうとも、わたしはこれが明確な事実であることを確信する。

それでは、奇跡中の奇跡である信仰は、一体どこから起こる現象なのだろうか。わたしはこれを明らかにしようと思う。それは父なる神の聖業《みわざ》なのだと。然り、これは確実に神の聖業なのであって、絶対に人間の業ではなく、したがって知識によるものでもない。それでは父なる神とは何者だろうか。神は愛にして正義であられ、また自由であられるのみならず、神は真善美の総和以上であり、真なる意味において完全無欠なる方であられる。

こう言えば、神とはあたかも抽象的なものか、概念的なものに聞こえるかもしれない。あるいは、神は我々の理論や思想に過ぎないものではないかと反問する者もあるであろう。しかし神は決して痴者の夢想でもなければ、狂人の空論でもなく、無知蒙昧な未開人の崇拝する偶像でもない。先に述べたように、神こそは何よりも確実な実在者であられる。神は我々の信仰から産み出された神秘的または不可思議な存在でもなく、あるいは、哲学的思索の対象物でもないことはもちろんである。もしもそうだとするならば、神は人間の信仰すべき何らの価値もなく、したがって我々の信仰も、虚無にして悲惨なものであるに違いない。しかし、神は決してそういうものではない。神は信仰から抽出された産物ではなく、神の実在があってそこから信仰が生まれたのである。

ああ！　ところがこの神はわが人類を憐れみたまい、罪悪も、不義も、醜くさも、愚鈍も、無知も、その他あらゆる人間の不完全を赦して下さり、神聖なる神の聖前に、義にして罪なく、純潔な神の愛する子にして下さった。言いかえれば、人類は完全なる救いに与った。しかし、我々にはしかるべき何らの功労もなく、資格もない。したがって、我々の行為や信仰によるものでもないことはもちろんである。我々にはそれだけの努力する能力もなければ、また信仰そのものまでも、神の恩寵の賜物であるからである。

我々は神の前で義《ただ》しくなければ絶対に神の救いに与ることは出来ない。それは、神はあまりにも純潔にして完全であられ、義であり真であられ、正しく善なるに反して、人間はあまりにも醜く不完全で不義で虚偽であり、不正にして悪なるためである。

それ故、神も神御自身に対してこのように隔たりの甚だしい者に対しては、どうしようもないのだ。彼、神は、何よりも不義そのものに対してだけは耐えられず、無条件に赦すことができないからである。それればかりか、罪悪に浸っている者が無条件で救われるとするならば、我々には信仰はもちろんのこと、一般道徳までも何ら必要のないものになってしまうはずである。そうであるならば、真と偽、善と悪の区別はまったく無用であるばかりか、そもそもそういったことが生まれる理由がないはずだ。それでは、何によって我々は、神の前に義なることを示すことができようか。

ああ！　感謝なるかな。全能にして慈悲深く、そして愛にましします神は、我々のような無価値なる者、すなわち、滅亡と死に至って当然の者たちのために、御自分の前に義なることができるように完全なる条件を立てて下さった。それ故、我々はその条件を信じて受けさえすれば、罪悪の世と暗黒なる社会から救われ、永遠の生命を得て、正義の国と公明の世界に入ることができる希望の道を得ることになったのである。

それは、今から約千九百年前、ゴルゴタに現われた神の独り子イエス・キリストの十字架である。これは実に神の人類に対する、無上の愛であり、恩恵の賜物である。

「全ての人は罪を犯したので、神の栄光を受けることができなかったが、イエスを贖罪の祭祀の生贄とされた神の恩恵により、功労なしに義とされるのである」（ローマ書三・二三～二四）というのは、このことである。神は御自身の独り子を賜うほどに人類を愛されるのである。

ああ！　真に神の愛は無限大であり、無限強である。理論はやめて実際を見よ。人類の祖先アダム以来今日に至るまで、人類の歴史は罪悪の記録でなくて何であろうか。否、それよりも、我々は各自、自己を反省してみよう。何か一つでも真なるものがあるかを（人間社会は初めから終わりまで、言葉に尽くせないほどに全てが罪悪に浸っていることはあまりにも明白な事実なのだから、あえて説明することもないのではないか。賢明なる読者諸氏は深く考え、悟られるよう願うのみである）。

私はためらうことなく告白する。神の御言葉、即ち、救いの福音と聖愛の証しを初めて聞いた時、まず疑問が生じた。一体、こんなことが事実としてあるのだろうかと。しかし、次には驚嘆した。それは確実な事実であることを知ったから。そして泣いた。また、感謝した。最後には何らのとまどいもなく信じた。神は真にして、また、愛にていましたもう方だと。そうして、これが永遠の生命を受けたことなのだということを知った私は、静かに新生の新しい歌を歌いながら、喜びをもって祈った。この信仰がわたしの小さき胸に満ち溢れる時には、その歓喜と幸福と感謝を抑えることができなかった（この信仰はもちろん私の心の中から自ずから生まれたものではない。キリストの十字架によって、また、神の聖霊をとおして生まれたものである。本誌に掲載された「神と信仰」（訳註・本巻二五頁）を参照して下されば、不十分ながら信仰に対して若干理解できる点があろうかと思う）。そして、この信仰が与えられたからこそ、初めて光を目にすることができたし、光が生命であることも知った。そして人生の意義や目的に対しても、新たな内容を発見したのだ。また、自分の使命が何であるかについても悟ったのである。

そこで人間の生命の根源は神であることを知った。そうして我々はまず何よりも生命を探し求め、真なる人生の意義を知るために、神に帰ることが重大かつ緊急の、必然的な、当面の課題であることを悟ったのである。

おお！　愛する兄弟姉妹たちよ！　哲学の権威、科学の誘惑、芸術の眩惑、本当に恐ろしい世の中である。そうだ。宗教は痴者の夢物語であり、信仰は狂人の空想なのかもしれない。しかし、人生は絶対に虚無なるものではなく、また、決して遊戯ではない。人生は事実であり、我々が永遠の生命を求めるのもまた事実である。

耳ある者は聞くがよい。真理は永遠不変であり、したがって皮相的だとか、一時的だとかいうものではない。学問は人間の頭脳が発達するにしたがって進歩する。それゆえに、昨日の学説は今日には破れ、今日の原理は明日葬られることになる。
おお！　真の人生を送ろうとするならば、良心が求める生活を味わおうとするならば、罪悪の社会から逃れ出ようとするならば、サタンの奴隷であることから免れたいならば、悲哀の人生を乗り越えたいならば、霊的自由と解放を得たいならば、一日でも早く、否、今すぐ、悔い改めて神の前に進み出よ。イエス・キリストの十字架を仰ぎ見て福音を聞け。信ぜよ。

（一九二七・七、『聖書朝鮮』創刊号）

神と信仰

神は神であられる。神以外の何者でもありえない。神は人間でもなく偶像でもない。また、思索の対象でもなく、いかなる概念でもない。ただ神であられるのみである。何をもってしても神を完全に形容することはできない。なぜならば、神は絶対的で唯一であられるからである。

人間のことばをもって神を表現しようとするならば、その時すでに神は人間的になり、真の神ではなくなる。それゆえ、人間は真に神を知ることはできない。また考えることすらできない。もしも神が人間の理性や知恵によって完全に理解することができるとするならば、それは我々が信頼するに値する神ではないはずである。人間は神を考えることも、知ることも、また、会うこともできないのである。しかし、神は人間に対して御自身を啓示される。そうして、人間をして神を完全に理解させることはできなくても、彼を敬い、愛し、親しく思い、罪より救って下さるようにと依り頼み、信じさせて下さる。

この神は何よりも御自身を愛によって啓示したもう。然り、神は愛にまします。愛は神の本質である(ここで愛というのは、絶対に人間の愛ではない。一般の人が言い、また考えている愛以上の愛である。それは永遠に変わらない愛である。それゆえ、人間的な愛を超越して完全にして純粋なる愛、言いかえれば、神以外には誰にも存在しない、また、誰も持つことのできない愛、即ち聖愛、アガペーを意味する)。ところで、愛は冷静でなく、また、残酷でもない。愛は寛容であり、柔和であり、また情け深い。そして愛は不義を行わず、真理を喜ぶ。

しかし人間は不義を行い、真理を喜ばず、また、罪を犯す。「義人は一人もいない」(ローマ書三・一〇)と古人は嘆息したが、まさに事実である(だから人間にはアガペーがないということを知ることができる)。ところで、不義は滅亡の原因であり、罪の代価は死である。したがって、人間は滅亡と死を免れることができないということは、必然的な帰結である。しかし愛の神におかれては、人間の滅亡と死をご覧になられて、そのまま放っておくのは到底忍びがたいことであった(その理由は、愛自体の特質は慈悲であり、特に人間は被造物の中で最も神が愛したもうものだからである)。

そこで、慈しみ深い神は人類を救うために道を開いて下さった。それはイエスの降誕に始まり十字架に終結した代贖の道である。ここに人類の新しい生命の道があり、新しい希望がある。イエスは自ら語られたように、「道であり、真理であり、生命である」。誰でもこの道に至って救われ、この生命の泉を飲んで永遠の生命を得ることができる。

そして、神は三位一体の神として現れて人類を気遣って下さる。即ち父、子、聖霊である。三位一体の神は三つの人格にして一つの体なる神である。そして各々活動の方面は違うけれども、成就しようとすることは同じである。神はキリストと聖霊を通してご自身の啓示を明確にしたもう。即ちイエスにおいて神の啓示を完成し、十字架で人類との和解を成就され、聖霊を通じて人類との関係を密接になしたもう。

このようにして、人類は神の御前において義なることができ、また、救いに与ることができる。神の救いに与ったからこそ、初めて人間は本当に神を知ることができるのである。それゆえ、人間は神によってのみ真なる神を理解することができるし、神に接近し、そして、義なる者として神にまみえることができる。

ここに至って、我々は、人間が神を信じるのでなくて、神が人間をして神を信じさせるということが、明白な事実であることを知るのである。そうして人間は安心して（あたかも幼子が母のふところに抱かれるように、少しも疑うことなく）神を信ずるに至るのである。実に、疑おうにも疑う余地がなく、信じまいとしても信じざるをえず、反抗しようにも反抗すべき理由がない。

それゆえに、信仰は決して人間の努力の結果でなくて、神の恩寵の賜物である。この「恩寵の賜物」を無条件に信じ受けるのが、真の信仰である。即ち完全なる信仰である。これを除いて信仰はないはずだし、また、これ以上に信仰することもできないのである。

信仰は理論でもなく思想でもない。「信仰は実験であり個人の体験であり、また人類の経験である。信仰は各自が実験することのできる事実である。」

（一九二七・七、『聖書朝鮮』創刊号）

信者とはどういう人か

信者は思索する者でもなく、研究する者でもない。口で叫ぶ者でなくて、心で信頼する者である。儀式で礼拝し、道端で宣伝するものでなくて、心から信じ静かに神の御心の成ることをのみ待ち望む者である。

だから、彼は道徳家やいわゆる宗教家でないことはもちろんである。彼にはただ信仰があるのみである。一にも信仰、二にも信仰、後にも信仰、先にも信仰である。生きること、死ぬこと、食べること、着ること、笑うこと、泣くこと、話すこと、考えること、その他彼の一挙手一投足はすべてが信仰であり、信仰からにじみ出た結果である。

簡単に言えば、信仰は彼の生活の全部である。それゆえ、彼には二心がない。言いかえれば、彼には表裏がない。礼拝の時の行動と、ふだんの行動が違うとか、信者同士の言葉が不信者に対する言葉と一致しない者は偽物の信者である。

真の信者には変化がなく、永遠がある。彼は過去を回顧して運命の如何を云々する宿命論者でなくて、未来に希望を望みながら喜びをもって前進する楽天家である。彼に悲哀、煩悶、苦痛がなくはないが、歓喜、平安、慰労がそのすべてに打ち勝つ。これが真の意味での信者であり、救い主イエスの真の僕《しもべ》である。

（一九二七・一〇、『聖書朝鮮』二号）

万人の救い

世の人々は金銭、名誉、地位、学識、行為、腕力、技術などによって、個人、国家、社会、人類の救いを手に入れようとし、または、それによって世を救済しようとする。しかし朝鮮よ、そなたは学ぶこともできず、行うこともできず、金銭を集めることもできず、地位や名誉を得ることもできず、腕力もなく技術もないではないか。ではそなたは一体どうするつもりなのだろう。

しかし、それらすべてを持っていないからと言って悲しまないで欲しい。そなたが持たないものを持っている者たちには、ただ虚栄、偽善、粉飾、形式、制度があるだけで、真なるものは一つもなく、彼らは必然の結果として失望、落胆、敗北、滅亡、死亡などを刈り入れるだけである。

では、我々は何によって救いを得ることができるだろうか。そうだ、我々には如何なる功労や条件もないので、無償で永遠なる救いを得る道を探し求めるしかない。としたら、その道はただナザレの人イエスにあるのだから、我々はそれを彼のみに求めるべきではないか。彼は「道、真理、生命」(ヨハネ一四・六)であり、そして「すべて重荷を負うて、苦労している者は、わたしのもとに来なさい。あなたがたを休ませてあげよう」(マタイ一一・二八)と言われた方である。

しかも、イエスの救いは特殊な人、または特殊な民族に制限されているのでは決してない。万物を創られ人類を創造された神は、その独り子(キリスト)を惜しまずに十字架の苦難を嘗《な》めさせたもうた時、ユダヤ民族やキリスト信者であることを自称する者だけを救おうとされたのではなかった。少なくとも、万人、即ち、全人類を救おうとなさるのが神の目的であり、イエスの使命であった。

あれもこれもできない朝鮮よ！　そなたはただイエスを探し求め、信じることによって救われるしかない。全人類を救済なさろうとするイエスが、どうして朝鮮だけを捨てられようか。万人が神の救いに与ることができるならば、どうして朝鮮が例外になりえようか。

ああ！　朝鮮よ、勇進しよう！　救われるために神の子イエスの御前へ！


（一九二八・一、『聖書朝鮮』三号）

信仰と人生

信仰は力である。苦痛をこらえ艱難に打ち勝つ力である。周囲と環境を越えて、事情と立場にかかわらない偉大なる力である。

信仰は希望である。暗黒の中に光明を見ようとする希望である。死より生命を求め、腐敗した根から新芽を得ようとする絶対の希望である。

信仰は愛である。隣人をわが身のごとくに思う愛である。敵のために祝福し、迫害する人のために祈る無限の愛である。

信仰は生命である。不動の盤石の上に固く立ちたる生命である。無辺無極で窮するとか尽きることのない、永遠の生命である。

信仰は偉大なる力である。絶対なる希望である。無限なる愛である。永遠なる生命である。信仰が宇宙万有の中で最も貴く最も美しいのはこのためである。それゆえに、我々の人生が何よりもまず持つべきは信仰の他にない。

力！　希望！　愛！　生命！　これらのものが総合されて信仰をなす。この宝が埋もれている山が天国であり、これを探求すべく与えられているのが人生である。それ故、信仰を熱く求めることに人生の絶対の価値があり、信仰を完成しようとすることが、人生最後の目的である。したがって信仰を持ちし者のみが人生の最高の勝利者である。

（一九二九・一、『聖書朝鮮』七号）

「生きる」はイエス・キリスト

人は自分を見つめて自らの虚偽と悪を発見する。そこで彼は非常に大きな驚きと恐怖を感じながら、絶望の深淵に陥って戦慄せざるを得ない。しかし、人はひとたび頭を上げてイエス・キリストを仰ぎ見れば、そこに全ての真と善を見いだすことができるであろう。そうして、彼は絶大なる歓喜と自由を覚えつつ、希望の高台に坐って感謝に溢れるであろう。

人は自分を否定して初めて、イエス・キリストの真理を啓示されると同時に、罪と死より解放されるのである。換言すれば、人はイエス・キリストを肯定してこそ、心より自分の罪悪を悟ると同時に、救いと永遠なる生命の存在を確信せざるを得なくなるのである。

イエス・キリストは天地創造の時より神と共にい

ました「みことば」（ロゴス）であり、また神の栄光の輝きであられ、その本質の顕れでいます。ゆえに、イエス・キリストは世の光であり、人の生命であり、真理そのものであられる。

イエス・キリストは宇宙の根源にていまし、人の真髄であらせられる。万物はイエス・キリストによって、また、イエス・キリストのために造られ、イエス・キリストは万物を支配し給い、保存し給う。人はイエス・キリストの形のままに造られたのだから、全ての人はイエス・キリストの内にて（彼に依り頼んで）生活し、行動し、存在するのである。ゆえに、宇宙万有の創造と人類の歴史の意義、目的、中心、絶頂、完成はイエス・キリストにあるのである。

我々は、以上の創造の原理を通じて、人として真に生きるために何をなすべきか、また、真の生とは何かを、自ずから明白に知ることができる。本当の意味での人生は、自己を否定し、憎み、そして離れ、殺す（すなわち、己に死ぬ）ことであると同時に、イエス・キリストを肯定し、愛し、そして、彼を近くに迎えて生きる（すなわちキリストに生きる）ことである。簡単に言えば、人生は信仰に生きることだと言うことができる自分を肯定し愛する生き方は、信であり、自分を離れて自分の内にイエス・キリストをお迎えし、肯定し、愛して生きることは信仰であるからである。

繰り返すと、人生とはイエス・キリストの内にて生きることである。真の「生とはイエス・キリストにあって生きる」ことを実現するにある。それ故に人生の一切（即ち意義、目的、価値）は皆イエス・キリストにある。なぜか？

それはイエス・キリストのみが真に生きています最高、絶対、唯一の神であられ、そして救い主であられるからである。

（一九二九・一〇、『聖書朝鮮』一〇号）

祈ろう

祈ろう！　祈りは信仰生活の土台であり、根底である。祈りのない信仰生活は虚偽であり、虚飾である。信仰生活は霊の生活なのだから、霊の生活は霊にていいます神と深く交わり、神の霊を充ち満てるように頂いて始まる生活である。肉なる人間が霊にています神と交わり、また神の霊をいただくことができる唯一の方法は、祈りしかない。それゆえ、祈禱は霊的生活の最良の糧であるとともに、霊を培う不可欠な養分である。そうならば霊的生活、即ち、信仰生活を営む者にとって、どうして祈りを軽んじ怠たることができようか。

主イエスも祈禱を大変重要視され、そして常に祈禱に熱心であられた。彼の地上生活を簡単に言うならば、祈禱の生活であられたというのが最も当たっていると言えよう。そうだ。イエス様は十字架の上でも祈ることをお忘れにならなかった。まことに、イエス様は祈りの人であられた。そうして、イエス様に従って行った者、即ち、イエス様に属した者たちは皆、彼にならって祈りの人たちであった。ペテロ、ヨハネ、ヤコブ、ステファノ、パウロ、アウグスチヌス、フランチェスコ、ルター、カルヴァン、ウエスレー、バンヤン、ムーデー、その他にも有名無名の全ての聖徒たちは皆祈りの人であった。それで我々も祈ろう。祈りは信仰生活の案内人である。灯火である。現代のように暗黒の時代には尚更のこと祈りが緊要である。兄弟たちよ、誠心誠意をもって祈ろう！

（一九二九・一一、『聖書朝鮮』一一号）

信仰の戦い

信仰は決して夢や理論や理想ではない。少なくともキリスト教の真の信仰は現実であり、実際であり、事実である。故に、信仰は生活である。生きた生活である。生命の溢れる生活である。地上に生きる者が天のものを獲得しようとする奮闘、肉なる者が霊に生きようとする努力、これが生きた信仰である。したがって信仰生活はこのような不断の奮闘と努力によって、所有したものを全て捧げて戦う決死の戦いである。とりわけ、この戦いこそは一生をかけて戦わねばならない持久戦である。

それゆえ、この戦いを戦う者、即ち信仰生活をする者は、眠ったり休んだりなど決してしてはならない。いつも醒めていて、心と、品性と、そして力と誠意を尽くして戦わねばならない恐ろしい戦いである。人は他の何ができなくても、そして何を犠牲にしようとも、この戦いだけは最後の勝利を獲得せねばならない。人はその全生涯においてあらゆることに失敗しても、この勝利を得た者は、人生の最大、最高、最貴の成功者である。

ああ！　誰がこの戦いで最後の勝利を得る者だろうか。

（一九三七・七、『聖書朝鮮』三〇号）

純福音について

キリスト教を指して福音という。キリスト教は確かに福音である。キリスト教以上の福音はなく、キリスト教以外に福音はない。真の福音は、ただキリスト教にだけある。しかしキリスト教には旧教（カトリック）があり、また新教（プロテスタント）がある。旧教にもローマの天主教（カトリック）があり、ギリシャ正教会があり、そして旧教でも新教でもない、その中間とでもいえる英国の聖公会がある。さらに新教には長老教、監理教（メソヂスト）、聖潔教（ホーリネス）、救世軍、兄弟団、ユニテリアン等々、その他にもいわゆる教派の数がたいへん多い。

では、これら全ての教派は皆純福音的だろうか？そうでなければ、その中のどれが、より福音的なのだろうか？

この問いに対して我々は「聖書本位の教派、または教会のみが純福音のキリスト教である」と言えるだけである。しかし、旧教であれ、新教であれ、またその教派や教会の如何を問わず、キリスト教と称するものの中で、我々はどの教会・教派を非聖書的だと決めつけることができるだろうか。皆各々「わが教派だけが聖書本位である」と言い、「わが教会こそは純福音主義である」と主張するのが一般であるからである。それでは真正なる意味での純福音とはどういうものだろうか。これを簡単に語ろうと思う。

キリスト教は福音である。ところで、キリスト教は聖書に立脚しているのだから、キリスト教が福音ということは、いうまでもなく聖書が福音であることを意味する。それでは、はたして聖書はその全てが純福音であるか。聖書は神の御言葉という意味で、創世記の初めから黙示録の終わりまで、全てが福音である。しかし絶対の意味においては、聖書全体を福音ということはできない。旧新約聖書六十六巻がすべて福音的であり、あるいは福音に関わっていることはもちろんである。しかし、だからと言って、それ全体を純福音だと言うことはできない。このことは聖書自身が明白に証ししているところで、聖書を読んだ者なら誰でも分かることである。

まず、モーセの十戒を始めとして旧約聖書全部を誰が純福音ということができようか。もしも旧約が純福音とするならば、新約は必要もなければ、新約が生まれる必要もなくなる。それでは新約は全部が純福音かといえば、そうでもない。ルターがヤコブ書を指して「これは藁の書簡だ」と言ったのをみても、推量できることである。しかし、この言葉はヤコブ書が全く非福音的だという意味では決してない。そして、これは何もヤコブ書に限ったことではない。

それでは純福音とは何か。純福音は十字架の福音である。純福音は恩恵の福音である。純福音は法律ではない。道徳ではない。倫理ではない。だから純福音は刑罰ではない。審判ではない。滅ぶべき人間、永遠に死すべき背信の罪人を、何らの理由も資格もないのに、全く無条件に救おうとされる神の聖なる経綸の実現！　このことを称して福音と言う。これが純福音である。もしも人間側に何かがあるとするならば、または、人間の方に何かを要求するならば（それが何であれ、いかに小さくて無価値なものであっても）、それは功労によってできたものであり、あるいは報酬であって、決して恩恵ではない。純恩恵は「恩恵のみの恩恵」である。

純福音は罪の赦しである。神の無限の愛による完全なる恩恵の宣言である。神はその独り子なる我らの救い主イエス・キリストを通じてこれを実現された。ただイエスによってのみ罪を消滅させたまい、律法を完全に廃された。そうして律法は恩恵に変わり、道徳は信仰と化した。人間の必然的な運命である死は退却し、それに代わって永遠の生命が登場した。神の恩恵、キリストの愛、聖霊の自由、これのみが宇宙に溢れ、世を呑みこんでしまったのである。

罪！　サタンの忠僕なる罪。ああ！　何よりも最も恐ろしく、もっとも嫌な罪。この罪から神は我々を救いたもうた。罪の赦しの消息！　これを称して純福音と言う。純福音は天来の嘉信である。神のみがよくこれを伝えうる消息であり、また、行いうることである。それゆえにこれを指して「神の恩恵の福音」と言う（使徒二〇・二四）。この福音を説明してパウロは次のように語った。

神の恵みにより、キリスト・イエスによるあがないによって義とされたのである。（ローマ三・二四）

人間はキリストの贖いによって神の前に義なるをえた。我々は明らかに罪より救われた者たちである。このことは確かに恩恵のみでできたことである。神の恩恵である。無限・無窮の恩恵、永遠不変なる恩恵、完全無欠なる恩恵。神の恩恵はこのような恩恵である。贖罪の恩恵！　神の恩恵はイエスの十字架に如実に現われた。我々が救われたのはこの恩恵以外の何ものでもない。決して我々の功労ではない。もちろん行為ではない。自己修養や自己努力ではない。難行苦行ではない。入山修道でもなく禁欲生活でもない。ましてや、儀式や制度や組織のようなものは問題にならない。もちろん事業でもなく、伝道でもない。このようなものを福音でもあるかのように考えるならば、それは大変な誤解である。ただ恩恵である。恩恵のみである。

人間は「生まれながらにカトリック」だと言う。それは、人間は誰でも自分の義を表わそうとするからである。思うに人間は自分のなにがしかを少しでも表へ掲げてこそ心が安まるものらしい。それができなければ、何か人間味がなくなり、世に生まれた甲斐がなくなるかのように考え、腹の虫が治まらないようである。まことにおかしい話である。大変愚かな考えである。否、最も可哀相なことである。全ての人生における悲劇の原因の大部分がここにあることを、人は知っているだろうか。

人が自分の義に固執するのは万事の禍根である。一例をあげれば、党派心がすなわちそれである。人間の罪悪の大部分はこの党派心から発生するといっても決して過言ではない。ああ！　しかるにキリスト者にもこの罪があると言えば、人はみなびっくり仰天するであろう。しかし教派の分裂、教会の分離、一教会内での紛争等々、これらは何を意味しているのだろう。

我々は純福音を指して神の純恩恵だと言った。ではこの恩恵に対して人間側で取るべき態度は何だろうか。「律法は恩恵に、道徳は信仰に」という言葉の意味は何か？　これもやはりパウロをして説明させて頂こう。

「人が義とされるのは律法の行いによるのではなく、信仰によるのである。」（ローマ三・二八）

人が罪から救われるのは信仰によってそうなったという意味である。しかし、これは決して人間の信仰という功績を肯定する言葉ではない。もしそうだとすれば、放蕩息子の帰還も一種の功績といえるかもしれない。しかし父が放蕩息子を歓迎したのは、ただ恩恵であり、愛である。決して放蕩息子に資格があっての事ではない。もちろん何らの功績もない。ところが子には父の愛を受ける何らの資格や功績もないにもかかわらず、もし帰ってこなかったら、愛を受けることができなかった。これと同じ理由で、我々は信仰がなければ救われることはできない。しかし、信仰は決して資格や功績によって与えられるものではない。だから信仰は恩恵だというのである。

そこで、パウロは「わたしたちが罪の赦しを受けたのは、神の恩恵によって成ったのである。しかしそれを信じなければ恩恵が恩恵たりえない。そこでわたしたちは信ずる。また、信じなければならない」と。ここにおいて、我々は信仰は原因になると同時に結果にもなるということを知ることができる。信仰は手段でありながら目的である。人間側にはただ信仰することとしかない。「信仰のみの信仰」があるだけである。

「神がつかわされた者を信じることが、神のわざである」（ヨハネ六・二九）と言われた主の御言葉も、また信仰を主張された御言葉である。

「信仰に始まり信仰に至らせる」（ローマ一・一七）（訳註・この部分、原文の逐語訳では「信仰より信仰に至らしめる」）というのも同じ意味の言葉である。それ故、純福音は神の絶対恩恵（純恩恵）と、これに対する人間の絶対信仰（純信仰）に帰着してしまう。なんと単純だろうか。

恩恵と信仰！　いかに純粋か。ただ五文字を以て充分言い表せるのが福音である。しかし、その内容は宇宙よりも大きくて高く、また、広くて深い。それ故に神の福音である。なんと驚くべき音信だろうか。またいかに喜ばしい、そして嬉しい音信なのだろう。本当に、音信の中のトップはただ純福音があるのみである。

ああ！　純福音、我々に最も必要とされるのは、ただこれである。純福音があって人は生きる。永遠に生きる。しかし純福音が与えられなければ人は死に、滅びるしかない。おお！　偉大なるかな純福音！　感謝すべきかな純福音！　我々が恩恵を高調して信仰を力説するのはこのためである。我々は徹頭徹尾、恩恵と信仰のみを主張するのである。

（一九三九・七、『聖書朝鮮』一二六号）

キリスト教とは何か？

　いつの間にか、朝鮮においてもキリスト教は不信社会にまでも常識化してしまったので、キリスト教を異邦宗教だとか西洋宗教だとか言って、キリスト教徒を忌み嫌うとか特殊扱いをすることは見られなくなった。もしもこのことが、キリスト教が朝鮮において長足の速度で発展した結果であるならば、深く慶賀すべきことである。

　しかし、この現象は果たして朝鮮人がキリスト教を深く理解した証拠なのだろうか。むしろこれは、朝鮮人が一般的にキリスト教に対して無関心か、またはなおざりにしている傾向の表われではなかろうか？　考えてみれば、いわゆるキリスト者の大多数はキリスト教に対して理解が浅薄であり、熱心さが足りないのが事実ではなかろうか。「よその人が市場に行くからわたしも行く」という式のキリスト教が大部分でないならば幸いだ、と思われる。教会に出席するからといって、皆がクリスチャンだとは言えない。我々はまず、キリスト教とは何かということを深く理解しなければならない。その内容を深く認識せねばならない。その真髄をはっきりと把握しなければならない。

　我々は時代遅れかもしれないが、もう一度、キリスト教とは何かということを考える必要がある。特に、求道者や初心者の場合には言うまでもないことである。道は行きさえすれば良いのではない。時々方向を探らねばならない。全身全力で走っても方向を間違えば、最初の目的地に到達できないばかりでなく、全ての苦労は空しくなってしまう。我々は時々自分の歩んできた道を反省し、また前進しようとする道を詳しく調査してみる必要があるのではないか。これが旅行者の健全な態度であるに違いない。

キリスト教とは何であるかを考える前に、我々は少なくとも何ではない、ということを先に考えることにしよう。その方がより便利で理解を助けるからである。

一、道徳ではない

誰でもキリスト教を一種の道徳と考える傾向がある。たしかにキリスト教が道徳を生み、道徳を教えているのは事実である。特に山上の垂訓などは、最高の道徳律であることは間違いない。しかし、キリスト教は道徳ではない。キリスト教が忠孝だけを特に重要視しようとしないのはこのためである。より高く、より貴いものを目指すからである。道徳は一種の律法である。キリスト教は何であっても、決して律法ではない。道徳は形式的である。人間を拘束し、圧迫する。道徳は良心の桎梏《しっこく》（手錠と足枷）だからである。

しかしキリスト教は人間に自由を与える。罪の奴隷である人間を解放して、道徳（または律法）の軛《くびき》を脱ぎ捨てられるようにする。道徳は外部から内部を制御しようとするが、キリスト教は内部から外へ向かって活躍する。道徳とキリスト教は活動の方向がまるで正反対である。キリスト教を儒教から多少進歩したもの、または一般宗教の中で最も偉大なるものだと思うならば、それは大きな誤解である。キリスト教は儒教と本質的に異なり、世の宗教とは根本的に違う。地に対する天のように。

二、学問ではない

世にはキリスト教を一種の学問のように考え、また、そのように取り扱う人たちがいる。しかし、キリスト教は哲学、科学、文学、歴史、地理、その他の如何なる学問でもない。もちろん神学でもなければ宗教哲学でもない（ただし、キリスト教がこのようなすべての学問を産みだしていることは事実である）。もちろん、学問によってキリスト教に関する知識を広めることはできる。そして、神学や宗教哲学のようなものはキリスト教に関する学問である。

しかし、キリスト教は学問でない。したがって、キリスト教は学問の研究によって（その真髄を）理解できるものではない。それゆえ、学者必ずしもキリスト教徒に非ずである。神学博士や聖書学者だといっても、必ずキリスト教信者だとは言えないのは、そのためである。宗教を研究する学者とキリスト者とは全く別のものである。

三、思想ではない

キリスト教は学問でないのと同じく、思想でもない。キリスト教を頭だけで理解できないのは、このためである。だから、思想家必ずしもキリスト者にならない。キリスト教は哲学研究では分からない。万巻の書物を耽読しても、結局キリスト教は不可知のものになってしまう。思索して知ることのできる観念でもない。教理や信条を承認することでもない。聖書的人生観、社会観、宇宙観を習っても、キリスト教を理解はできない。多数の政治家や学者達（神学、哲学、科学）がキリスト教をなかなか理解できない理由がここにある。彼らはキリスト教を頭で、または学問で知ろうとするからである。

四、儀式ではない

人は宗教といえば、まず儀式を連想する。それほど宗教は儀式と不可分の関係にある。だから人々がキリスト教といえばまず洗礼や聖餐などの儀式を考えるのは無理からぬことである。しかしキリスト教は洗礼や聖餐ではない。

ところがこの点に関しては、いわゆるキリスト者の中でもしばしば誤解している者がいる。特に真面目な篤信者の中にも見受けられることは、嘆かわしいことである。キリスト教に儀式のための組織や制度は不必要である。もしも宗教が儀式だとするならば、キリスト教は宗教ではないということができる。また、もしもキリスト教が宗教だとするならば、儀式とは最も縁の遠い宗教だと言えよう。キリスト教が世に現われて、初めてこの世界には儀式のない宗教が誕生したことになったのである。これはなんと驚くべき事実だろうか。

五、教会ではない

キリスト教が儀式の宗教でないならば、儀式のために制度や組織が具備された教会でないことは自明なことである。もちろんキリスト教が教会（制度や組織）として現われることもできるし、また、教会で成長することはあり得る。しかしキリスト教は教会よりも偉大なるものである。キリスト教の実体は教会以上である。教会よりも偉大である。霊魂が肉体以上であり、また、より偉大なことと同じである。実に貴きものは肉体でなくて霊魂である。肉体が死んでも霊魂は死なないように、キリスト教は教会なしで充分存在できる。真のキリスト教は決して教会組織にこだわらないのが道理である。

ところが、人々は世にあるいわゆる教会を見て、キリスト教を見たと考える。それはあたかも顔を見て心を見たというのと同じである。愚かと言うしかない。キリスト教は決して人間が左右できるものではない。彼が（法皇であれ、監督であれ、または、長老であれ、牧師であれ）誰であろうと、キリスト教は天的であり地的ではないからである。だから人はこれを建てることもできず、壊すこともできないし、興すことも滅ぼすこともできない。キリスト教と教会組織との区別を明白にすることは、キリスト教が何であるかを理解するのに最も必要なことである。

六、主義ではない

我々は最後にもう一つ注意すべきことがある。この世には主義というものが多い。国家主義があるかと思えば無政府主義もあり、資本主義があるかと思えば共産主義もあり、個人主義があるかと思えば社会主義もある。それればかりではない。軍国主義とか、民族主義とか、労働主義とか、享楽主義とか、その他何々主義とかいって、何でも主義でなければならないかのようなありさまである。そこでキリスト教を何らかの主義の一つのように考える人は多い。しかしキリスト教は如何なる主義でもない。近ごろキリスト教社会主義とか、またその類たぐいの何とかの主義というのがあるらしいけれども、それはただ恣意でキリスト教の名称を持ってきて付けたに過ぎない。我々はこのような似て非なるキリスト教、または偽りのキリスト教に惑わされてはならない。キリスト教は本質上そういったものであり得ないからである。

七、事実である

我々は、今までキリスト教が何でないかを考えてきた。そこでキリスト教は道徳でも学問でも思想でもなく、また、儀式でも教会組織でもなく、いかなる主義でもないことを知った。それでは一体キリスト教は何か？　その正体は何なのか？

キリスト教はまず何よりも事実である。我々が実際に実験（または体験）できる、生きた事実である（一ヨハネ一・一）。聖書は一冊の歴史書でなくて、生きた事実の記録である。昔あったそのまま、現在にもある事実である。自然のように、人はキリスト教を観察し実験してのみ知ることができる。過去二千年の間、キリスト教は無数の反対と非常なる排斥を受けたし、現在においてもまたそうであるが、少しも衰退せず、かえって生気溌剌として現代に至っているのは、それが事実であるからである。消極的（死んだ）事実でなくて、積極的（生きた）事実だからである。それゆえ、伝道とはこの事実の証明である。説明や教授することでなくて、実験を証明することである。この生ける事実を「来て見よ」（ヨハネ一・四六、四・二九参照）と。

八、力である

次に、キリスト教は力である。何の力もない事実ではない。力ある事実である（ローマ一・一六、一コリント四・二〇、コロサイ一・二九参照）。

この力は、神の力である。それゆえに、生ける力である。破壊の力でなくて建設の力である。滅亡の力でなくて創造の力である。殺す力でなくて生かす力である。この力こそは、岩石のように堅い人間の心を砕いて、生命の種を植えてそれを成長させる唯一の力である。絶対の力である。

九、生命である

キリスト教は事実であり力であると同時に、生命である。その実は生命であるので、事実であり力なのである。キリスト教は力で現れて生命で育つ。その力は機械のように死んだ力ではなく自由に活動する生きた力である。その生命は一時的な生命ではなく永遠に生きる生命である。キリスト教は単にそれ自体が生命であるだけでなく、生命の源泉である。それ故、生命の供給者である。この意味から、伝道は力の分配であり、生命の提供である。この生命の力は救いの力である。（一コリント一・一八）

一〇、キリスト教はキリストである

我々は以上で、キリスト教は事実であり、力であり、生命であることを知った。それ故、キリスト教が事実であり力であり生命であるためには、抽象的、理論的であってはならない。具体的実体でなければならない。少なくとも生きた人格でなければならない。それを我々は知ろうとするのである。

この生ける事実、生ける力、生ける生命の本体は何か？

それは御言葉（ロゴス）である。この御言葉は太初《はじめ》より神と共にいまして、御言葉は神であられる。万物は御言葉によって創造され、被造物の中で御言葉なしに造られたものは一つもない。この御言葉に生命があって、生命は即ち人の光である（ヨハネ一・一～四）。しかもこの人の光なる生命、生命なる御言葉は肉体になって我々の世界に来臨したもうた（ヨハネ一・一四）。その肉体こそ、即ち神の独り子なるイエス・キリストであられる。

だとすれば、我々が今まで探求した真正なるキリスト教とは、このキリストのことである。聖書はこの事実を証明する。この力は「エクレシア」に現われ、また、この生命はクリスチャンの各々の霊魂の中で育っている。キリストこそはこの生命自体であられ、また、一切の生命の本源でいたもう。キリストにだけ真の生命、生きた生命、永遠の生命がある。それ故、キリストだけが我々にこのような生命を供給して下さる。キリストは「わたしが生命」だと言われたし（ヨハネ一四・六）、また生命の糧だとも言われたのは（ヨハネ六・四八）このことを意味しているのである。

しかり、キリストは真に我々の生命であられる（コロサイ三・四）。そして神は能力であられ、救いの力である。だからキリスト教にこの力と生命があるならば、それ即ちキリスト教で非ざるをえない。真のキリスト教はただキリストである。キリスト以外にキリスト教はなく、キリスト教はキリストだけである。我々は重ねて言う。キリスト教は生けるイエス・キリストなのだと。

（一九三九・八、『聖書朝鮮』一二七号）

罪よりの解放

人間は罪を犯す。死ぬまで罪を犯す。「もし、罪がないと言うなら、それは自分を欺くことであって」（一ヨハネ一・八）と聖書が言っているとおりである。人間はその一生を罪から離れることができない。いかなる時にも、いかなる形にでも人間は罪と共同生活をしている。否、人間は罪の奴隷になって間断なくその支配を受けている。イエス様が「すべて罪を犯す者は罪の奴隷である。」（ヨハネ八・三四）と言われたとおりである。

アダムの血を引き継いだ全人類は昔から今日に至るまで、罪を犯さない者は一人もいない。「ひとりの人によって、罪がこの世にはいり」（ローマ五・一二）、「ひとりの人の不従順によって、多くの人が罪人とされた」（ローマ五・一九）と聖書が語っているとおりである。

ところで、罪の根底には欲心（または貪欲）が入っていて、罪の終局は死である。これを称して聖書には「欲がはらんで罪を生み、罪が熟して死を生み出す」（ヤコブ一・一五）と言ったし、また、「罪の支払う報酬は死である」（ローマ六・二三）と言っている。それ故、「罪によって死がはいってきたように、こうして、即ち全ての人が罪を犯したので、死が全人類にはいり込んだのである」（ローマ五・一二）と絶叫する使徒パウロは、「わたしは、なんというみじめな人間なのだろう。だれが、この死のからだから、わたしを救ってくれるだろうか」（ローマ七・二四）と告白した。その理由は、「わたしの欲している善はしないで、欲していない悪は、これを行っている」（ローマ七・一九）と言っているのが即ちそれである。

人には罪がある。誰にも皆罪がある。人が罪を犯すのは本能といっても過言ではないほど、人と罪との関係は大変深く最も密接である。しかしそれは決して人間の本意でもなければ、また、人間の初めからの自然性でもない。人間が罪を犯すのは不自然なことである。それ故人間は罪を喜ばないばかりでなく、決して罪を願いもしないのが事実である（我々の良心は明らかにこのことを立証する）。否、罪から逃れることを願い努力するのが人間の本心である。人間は罪から脱しようとして努力する。罪の王なる悪魔の支配から解放され、自由を得ようとするのが人類の共通した願いであり、目前の急務である。

一方、人類の罪は昨日や昨年に始まったものではない。百年前や千年前に始まったことでもない。まことに、罪の歴史は悠久であり、深遠である。その根拠が確実で、その地盤は堅固である。人間はこういった罪に捕らわれた存在である。人はそのままが罪の塊だといって決して過言でもなければ、間違いでもない。「足のうらから頭まで（少しも）完全なところがなく」（イザヤ一・六）、罪に満ちている。人は罪の中で生きている。即ち、人は罪を飲み食いして、そして罪を纏《まと》って生きているのである。これが人間の真相である。

ああ！　哀れな人間、惨憺たる人生。こんな人生に何の希望があり、このような人間に如何なる喜びがあろうか？

罪悪の人生は絶望であり、暗黒である。それ故、我々は何よりもまず罪から脱出しなければならない。そのためには罪を処分せねばならない。言いかえれば、罪から救われなければならない。しかし罪は、絶え間なく人を罪から罪へと引っ張っていく。そこで罪は我々を死にまで連れて行く。罪は人を滅亡の深淵へと突き落としてしまわずにはおかない。罪の深淵に喘あえぐ人生は、そこから逃れ出ようとするけれども、努力すればするほど、苦労すればするほど、ますます深く罪の中に陥ってしまうだけである。馬が淵の中に落ちたのと同じである。出てこようともがけばもがくほど、ますます体はその中にはまり込むだけである。人は罪の深淵から目前の死と滅亡を明らかに望み見ながら、驚き怖くて震えているだけである。

死！　聞いただけでも身の毛がよだつ死である。死を嫌がらぬ者は誰か？

人生万般の中で、それが何であろうと、一切を耐え抜き、渡り合うことができるが、ただ、死だけはこれを免れようとするが免れることはできない。それだけに死から免れたいというのが、人間の最大の欲望であり、願いである。これが救いの要求である。救いの要求は死を避けようとすることにある。しかし、死を避けるには罪から逃れ出なければならない。結局問題は罪の処分に帰する。罪からの解放が必要である。

罪からの解放！　これこそは罪の中に埋まっている人間にとって最も重大且つ緊要で、せっぱつまった問題である。一時一刻もゆるがせにできないことである。ならば、我々は如何にすれば罪から脱出することができるのだろうか。罪の処分を如何にすべきだろうか。

まず、過去の罪の処分が問題である。如何にすれば既に犯した罪をなくすことができるか。たとえ何らかの方法によって現在は罪を犯さないといっても、今まで犯した罪はどうしようもないことである。これを放置して、我々は完全に罪から離れたことにはならない。過去の罪を処分できない以上、我々はまだ罪の支配から離れたとは言えない。そうであるなら、過去の罪の処分は、我々にとって第一の問題である。

次は、最も実際的な問題として、我々は如何にすれば、現在、罪を犯さないようになれるかということであり、最後に我々は、どうすれば将来（未来において）絶対に罪を犯さないようになれるかが問題である。たとえ過去の罪をみな処分し、また、現在において完全に罪を犯さなくなったと言っても、将来犯さない保証がなければ、我々は決して安心できないではないか。

このように過去、現在、未来に対して完全に罪から脱出できなければ、本当に罪から救われたとは言えないのである。それでは、一体我々は、果たしてこのような過去、現在、未来の罪から脱却する道はあるのか、ないのか？

過去の罪を処分する方法としては、善行、告白、忘却、否定などを考えることができる。

（一）これは善行によって罪が消滅されるという考えである。善行、功徳、慈善などは貴いものであり、必要なものでもある。しかし、それで過去の罪を逃れることはできない。その理由は、公は公でわたしはわたしという言葉のように、あれかこれかではないからである。公とわたしを混同してはならない。したがって善行、功徳、慈善などによって罪を帳消しすることはできないのである。（仏教ではうことである。世の人の大部分（いわゆる一般大衆）そのように考えるようである。）罪の事実は厳然として残っているからである。過ぎし日の犯罪の事実は百万年過ぎても少しも変わるものではない。

（二）告白・罪の告白である。カトリックでは懺悔僧に罪を告白するという。しかしいくら告白すると言っても、罪そのものは決して消滅しないばかりか、同じ罪人に告白してもしようがないのではないか。また、人によっては一般社会に向けて公然と告白する人もいる。オーガスチン、ルソー、トルストイなどの三大懺悔録がそれである。これが我々に多くの益を与え、また世人の同情を受けもする。しかし、それで彼らの罪が消滅することにはならない。回心も貴いことである。しかし、やはり回心したからといって過去の罪がなくなるはずはないのである。それではどうすればよいのだろうか。

（三）忘却・自分の過去を忘却し、記憶しないといが、この道をとる。しかし、もちろん忘れて罪が消滅することはない。これはただ自己欺瞞に過ぎないことである。過去の罪の影はどこまでも我々についてくる。忘れようとすればするほど、罪の記憶はもっと鮮明になってくるだけである。はなはだもどかしいことだが、事実なのだからどうしようもないではないか。

（四）否定・罪の存在を否定することである。罪を云々するのは閑暇な宗教家たちや道徳家たちの病的な思想である。過敏な神経の所産である。人間は弱い。むしろ人間は罪を犯すように造られているのだ。いったい罪というものは、本来ないものなのだ……、云々と。これはいわゆる知識階級に属する理知的な人間の思想である。このように考えることのできる人間は幸せであろう。

ああ！　罪の存在を否定する者は自由にするがよい。しかし、悲しいことに罪はあるのだ。いくら万有引力を否定しても、屋根から落ちれば体は傷ついてしまう。空気の存在を否定する者はいるか。人間は誰であれ空気を呼吸してこそ生活できる。同様に、誰が何と言おうと、人間には明らかに罪があるのだ。ああ！　だから我々は人間として如何なる手段、如何なる方法をとろうと、結局、過去の罪から抜け出ることはできない。最も悲しい結論に到達してしまうのだ。

次は、現在の罪である。修養や努力によって現在の罪を免れようとすることはもちろん貴いことである。禁欲主義の生活がまさにそれである。しかし、結局、禁欲主義によって、自分の無力と新しい罪を発見するに過ぎない。罪から完全に脱却したとの考えに至った時、もはやその瞬間、罪が自分を呑みこんでいることを悟ることになるからである。本当に罪と戦ってみた人、また、戦っている人は皆、パウロのように嘆息せざるをえない。そのような悲鳴と絶叫もない聖人や道徳君子を我々は考えることができない。もしもあるとするならば、それは道徳的に最も鈍感な人に過ぎないであろう。

最後に、未来の罪である。たとえ過去の罪を処分し、また現在の罪を征服したとしても、明日、否、次の瞬間から絶対に罪を犯さないことができるという保証がないならば、それは決して完全に罪から解放されたということにはならない。一片の憎悪や貪欲な心がある以上は、到底無罪だとは言えない。鴻毛たりとも罪が無いという保証がない限り、我々の畢生の努力も水泡に帰するだけである。結局は「十年の念仏功、一瞬に崩れて原点に戻る」である。

ああ！　それでは、人類にはただ滅亡と死があるだけだろうか。救いの道、即ち罪の処分の道は全くないのか。もしそうであるなら、むしろ我々は自殺をしてしまうか、さもなければ、思い切って酔生夢死の暮しをするほうがずっと意味があるはずではないか。言いかえれば、喰らい、飲み、踊り、歌うことが、人生最大の快楽であり、生きている意味であるのかも知れない。

しかし違う。決してそうではない。聖書はこれに対して「ノー!」と言うのだ。罪より抜け出る道がはっきりあると言う。そして、罪の処分の道を明白に教えてくれている。

では、罪から解放されうる道とは一体なにか。聖書は言う。罪とは人間が神から離れたことなのだと。即ち、神への反逆が罪の原因であり、根本でまた罪それ自体だと言う。では、反逆が罪であるなら、帰順はその反対であるはずであり、明白である。義とはすなわち帰順である。帰って行き従うことである。ただその道だけである。

それ故に、我々がもし今でもよいから神に立ち返るならば、まさにその時、一切の罪は我々から去ってしまうのである。そうであれば、我々は今直ちに神に帰っていかねばならない。もしそれが事実であれぶどんなに嬉しい消息で、そして容易なことだろう。帰りさえすればよいというのだから。さあ!それでは早く帰ることにしよう! 我々は一時一刻でも遅滞することなく、今すぐに神に帰っていこう。しかし実はそれが問題である。

なぜ問題か! それは神は義なる神であられるからである。もしも神は愛であられるなら、誰でも懺悔して神に帰りさえすればそれでよい。神は受け入れて下さるはずである。しかし神は愛であられると同時に、また義でもありたもう。義なる神様は、罪の処分なしには、即ち、罪そのままでは、決して我々を受け入れて下さらないからである。

ここに一つの比喩を考えて見よう。我々は一時たりとも罪を離れては生きていけない者であると言ったのだから、罪を債務と置き換えて考えてみることにしよう。我々は極貧者なので毎日を借金によって辛うじて生計を立てていかねばならない。そこで借金なしに暮そうとするけれども、それは全く不可能な状態である。してみれば、過去の債務を返済する道がないことはなおさらのことではないか。したがって未来の債務ももちろんないわけにはいかない。そういうわけで結局我々は過去・現在・未来とも債務なしには生活できない者である。債務から離れたとすれば、それは死を意味するだけである。

それでは我々は死以外には債務を清算する道はないのだろうか。本当に借金なしに暮らしてみたいというのが貧者の最大の望みである。ところで、過去の借金も返済し、現在にも借金なしに生活し、また、将来においても負債なしに生活するには若干の財産を以てしては到底できないことである。百万長者になってはじめてできることではないか。しかし人間は皆ひとしく貧者なのだから(即ち罪人なのだから)、誰もこのことを為しうる者はいない。一人もいない。これはただ神のみができることである。神のみが真の意味で富める者だからである。宇宙万有の所有者であられるから。

このように人間の現実は罪を免れるのはおろか、ますます罪の深淵の中に落ち込んでいくだけである。我々には義がない。少しもないからである。義はただ神にのみ存在する。とすれば、我々の救いはただ神にのみその可能性があることになる。もしも神にその意思さえあるならば。

ああ！　ところが神は我々以上に人間の救いを要求される。期待しておられる。そうして御心を実現されるべく、神の独り子イエス・キリストを十字架につけられたのである。十字架は代刑、代罰、代償、代贖の道である。それは罪なき者によってだけ可能なことである。罪のない人間？　それは人間でありながら人間ではなく、人間でないながら人間でなくてはならない。そのような人間がいるだろうか？聖書はイエスがまさにそのような人間だと我々に告げる。

神の独り子、罪なき人！　人にして神、神にして人、彼に巨万の富がある。彼は義そのものである。彼の血のみが我々を救う。

「すべての人は罪を犯したため、神の栄光を受けられなくなっており、彼らは、価なしに、神の恵みにより、キリスト・イエスによるあがないによって義とされるのである」（ローマ三・二三、二四）と言われているのがそれである。

聖書は重ねて言う。「あなたがたは、先には罪の中にあり、かつ肉の割礼がないままで死んでいた者であるが、神は、あなたがたをキリストと共に生かし、わたしたちのいっさいの罪をゆるして下さった。神は、わたしたちを責めて不利におとしいれる証書を、その規定もろともぬり消し、これを取り除いて、十字架につけてしまわれた。そして、もろもろの支配と権威との武装を解除し、キリストにあって凱旋し、彼らをその行列に加えて、さらしものとされたのである。」（コロサイ二・一三〜一五）と。

ここに我々の罪の処分がはじめて成就されたのである。それこそ「人にはそれはできないが、神にはなんでもできない事はない」（マタイ一九・二六）と主が言われたとおりである。我々はこの事実を信じて受け入れればそれでよいのである。これが信仰の道である。神の子イエス・キリストが我々の罪を代って贖って下さった。十字架につけられて我々の罪を完全に処分して下さった。今や我々は我々の罪に対する一切の責任から免れた。我々はもう安心しても良い。真の平安を得たからである。

罪よりの解放の道は、ただ信仰があるのみである。十字架の信仰である。わが魂よ、主イエスの十字架を信ぜんことを！

（一九三九・一一『聖書朝鮮』一三〇号）

最大の恩恵

ガリラヤ地方のナザレというこじんまりとした静かで平和な村に住む、実に純朴、謙遜、真っ正直で温和な、そして誰よりも純潔な処女マリヤを訪れて、天使ガブリエルは「恵まれた女よ、おめでとう、主があなたと共におられます」（ルカ一・二八）と言った。「恵まれた女！」だと言う。なんと喜ばしい知らせだろうか。人は常に上よりの恩恵を渇き求めている。

ところで恩恵は、さまざまな中で大体二つの種類に分けることができよう。第一は、霊に関わるもので、奇蹟を行うこと、預言の行為、霊を分別することなどであり、第二は、肉に関わることであって、健康、富貴、名誉等々のことである。そうして同じ恩恵といっても肉に関わることよりは、霊に関わることのほうがより貴くて値打ちのある恵みであることは言うまでもない。しかし人々は、不信者はもちろんのこと信者までも、肉に関わる恩恵を求めることには熱心であるが、霊に関わることを求める者はきわめて稀なのだから、なんと悲しいことだろうか。

それゆえ、より大きな恵みを告げられても、誰がこれに耳を傾けようか。最も高くして大きな恵みは奇蹟を行うことでもなければ、預言や霊を分別することでもない。それは天使が言ったように、「主が我々と共に在ましたもう」ことである。これこそは永遠なる恵みなのであって、恩恵中の恩恵である。これ以上の恩恵はないのであり、その他の恩恵はあってもなくてもかまわない。

健康、富貴、名誉、みな可なり。奇蹟、預言、霊の分別などはより可なり。しかし私は、マリヤのように「主が私と共にいます」ことを渇き求める。この恵みは全ての恵みの根本であり、中心であるからである。ゆえに我々は、ただそれだけを求めてやまない。

（一九四六・七、『霊断』第七号）

悔い改めよう

「悔い改めよ、天国は近づいた」（マタイ三・二）これはイエスの先駆者、バプテスマのヨハネとイエス自身が世に向かって叫ばれた第一声だった。これこそは天よりの声である。即ち福音であり、嘉信である。福音の初めは「信じよ」でもなく「愛せよ」でもない。ただ「悔い改めよ」と叫んだだけだった。「悔い改めよ！」これは人生の第一歩であり、霊界に入門する玄関である。即ち信仰の萌芽であり、新芽である。人生は真実という土台の上に建つ建築物なのだが、真実は悔い改めにおいてのみ始まるのであり、信仰は霊に関わることなのだが、霊のことは悔い改めを通してのみ芽生えるものだからである。悔い改めの必要性と重要性については、ことさらに語る必要もないばかりか、宇宙と人生の始めにして終わりであるキリスト教が、悔い改めに端を発したということは、当然というよりはごく自然なことだと言えよう。

だから神が我々人間に要求されることも、何よりもまず「悔い改め」である。だからいまだに悔い改めていない者は、彼が誰であろうと、（いくら生まれつき毛並みがよく、立派で知識が多く地位が高く、良心的で人格的であるといっても）、彼は決して神とは何らの関係もない者である。無関係であるばかりか、絶対に関係することはありえない。

悔い改めなくても学者、教育者、宗教家にはなりうるし、地位と名誉も得ることができ、金持ちになることもできる。言いかえれば、悔い改めなくても文学者、科学者、法律家、実業家、大学教授、神学博士、宗教研究家、詩人、小説家などになることは可能であり、また大統領、長官、大学総長、局長、知事、郡守、署長などにもなりうるし、また、農場主、工場主、学校の経営主、事業家、銀行の頭取、社長、百貨店主などにもなりうる。それだけではなく、神学校の教授、教会の牧師、伝道師、長老、執事、有司（財務管理）などにもなり得るし、はなはだしくはキリスト教の信者または教会の信者までもなり得るのである。

しかし、ただイエスを信じる者だけは、悔い改めることなしには絶対になりえない。そしてイエスを信じる者のみが神の子であり、天国の民なのである。それ故、悔い改めた者はその人が誰であれ（取税人、娼婦、強盗、姦淫せる者、そしてまた、どんな罪人、どんな悪人であっても）明らかにイエスを信じる者であり、したがってその人は神の子であり天国の民である。なりうるのでなくて、すでになっているのである。だから人間としてなすべきことは、何よりもまず悔い改めである。キリスト者である我々にとっては、なおさらのことではないか。

悔い改め、悔い改め、悔い改め。ただ悔い改めあるのみ。我々に残っているのは、ただ悔い改めがあるだけである。悔い改めは人生の岐路である。分水嶺である。興るか滅びるか、否、死ぬか生きるかの境目である。

このように、人生の最大そして最緊急事は悔い改めである、ということはどういうことなのか。また、悔い改めた者とはどういう者を言うのか。それを説明することはできないし、私は説明しようとも思わない。しかし、ただマタイ福音書の第二十一章三十節の次男と、ルカ福音書第十五章十七節以下の放蕩息子のことを指摘したい。彼らの心がけと態度、それが悔い改めであるからである。悔い改めは言葉でなくて心であり、形でなくて精神である。柔和と謙遜、これだけが悔い改めた者の心であり精神である。「悔い改めよ、天国は近づいた」。今がまさに悔い改めるべき時である。主イエスは今、我々に呼びかけておられ、また命令しておられる。「悔い改めよ」と。主よ、私をして悔い改めさせたまえ。アーメン。

（一九四六・七、『霊断』第七号）

新年と新しきもの

「日の下には新しいものはない」（コヘレト一・九）と言った伝道者の言葉は、事実であり真理である。しかし「見よ！　私はすべてのものを新たにする」（黙示二一・五）と言われた神の御言葉は、もっと大きな真理であり、より確実な事実である。「新しい天と新しい地」（黙示二一・一）、「新しいいのち」（ローマ六・四）、「新しい人」（エペソ二・一五、四・二四、コロサイ書三・一〇）、「新しい言葉」（マルコ一六・一七）、「新しいいましめ」（ヨハネ一三・三四、ヨハネ二の二・八）、「新しい教え」（マルコ一・二七）、「新しい契約」（ヘブル八・八）、「新しい名」（黙示録二・一七）、「新しい歌」（黙示五・九）、「新しい生きた道」（ヘブル一〇・二〇）、「新しいエルサレム」（黙示三・一二）等々のように、神の前では常に一切が新しいものである。それは全能にして生命の根源であられる神が、全てのものの原動力になられて絶え間なく光と力と生命を注いで下さるからである。

だからそのような神を信じて依り頼む者には、全てが常に新しい。心も、生命も信仰も希望も。そうだ、一切が常に新しくあるのみである。元旦も大晦日も等しく新しい日であり、一月も十二月もみな同じく新しい月であり、一年のあいだ春夏秋冬、いつでも三百六十五日が皆新しい日である。

それだけだろうか。着古しの衣服、食べ残しの食物、使い古しの物、老いた妻、成長した子供、古い友達、これらはそのままが新しい衣服であり、新しい食物、新しい物、新しい妻、新しい子供、新しい友達なのである。我々に新しくないものなどない。古びて、着古され、ほころびたそのままが新しいものなのである。人は新品を好む。それは間違いだとは言えない。本能であり自然なので、むしろ当然だと言えなくもない。しかし、我々は全てのものを新しくなしうる天父より、いつも新しいものを頂くことができるように造られたからである。

ああ、ハレルヤ！　いつも新しい年、新しい日を迎えて、新しい恵みにより、新しい生命を頂いて新しい人になり、新しい信仰をもって新しい暮らしを営むことのできる者は幸いなるかな。彼には新しい力、新しい知恵、新しい慰め、新しい満足が与えられるからである。だから、キリストを信じて新しい人になった者にとっては、常に新年、毎日が初日、どこでも新しい喜び、新しい希望、何事にも新しい感謝、新しい賛美があるのみである。主よ！　永遠なる新年に無限なる栄光がありますように。アーメン。

一九四七・一、一八

（一九四七・一、『霊断』第一三号）

世に勝つ秘訣

イエス様がもし石でパンをお造りになられたならば、経済問題は解決したかも知れないが、霊魂の問題は解決できなかったはずである。しかし、イエス様はご自身の肉と血を万民に食べさせ、そして飲ませたのだ。これがイエス様が救い主であられる第一のしるしである。それは「人はパンだけで生きるものではなく、神の口から出る一つ一つの言葉で生きるものである」（マタイ四・四）と言われたその方が、イエスであられたからである。

次に、イエス様がもしも悪魔を拝んだならば、ダビデやソロモンのようにユダという一国の有名な王になられたかも知れないが、神の独り子ではなかったはずである。イエス様は神のみを拝し、この世と悪魔を拝まなかった（マタイ四・一〇）。これがイエス様が神の子である確実な証拠である。

最後に、イエス様がもしも宮の頂上から下へ飛びおりたならば、この世の絶賛と群衆の尊敬をお受けになられたかも知れないが、そういった奇蹟だけでご自分の使命を果たし尽くされたのでは決してなかった。むしろイエス様は十字架を負われた。十字架のみが救いの道なので、十字架で流されたイエス様の血は、永遠にすべての人を生かす生命の糧になった。それゆえ、イエスさまは十字架を負われることによって神の子であり、また万民の救い主であられるその使命を全うされたのである。

人生には試みと誘惑が限りなく多い。お金、地位、名誉、その他何々……。

見よ！　政治家は売国奴に変わり、官吏は猟官運動と賄賂を要求して跳梁するを。甚だしくはキリスト者までも（牧師、信徒を問わず）この世と結びついて地位を争い、金銭を貪ってマモン（財物の神）

にお辞儀をする醜態を。悪魔が手を叩いて凱旋の歌を歌い、真理と正義は限りなく踏みにじられているではないか！

ああ！　しかし神の子なる真の信者は、すべからくこの試みと誘惑に打ち勝たねばならず、また打ち勝ってなおあり余る力があるのだ。それは神のみを拝み、マモンを退けるからである。世に勝つ唯一の秘訣は、十字架を背負ってイエス様に従う信仰の道があるのみである（一ヨハネ五・四～五）。

（一九四七・三、『霊断』第一五号）

罪と恩恵

怠惰、不満、不平、恨み、文句、欲心、虚栄、憎しみ、排斥、嫉み、姦淫、殺人、盗みなど、何一つ罪でないものはない。しかし、トマスに「信じない者にならないで、信じる者になりなさい」（ヨハネ二〇・二七）と言われた主の御言葉を説明でもするかのように、パウロは「すべて信仰によらないことは、罪である」（ローマ一四・二三）と叫んだ。これは真にキリスト教の根本真理を喝破したものである。

そうだ。不信は罪の中の罪である。それこそ罪の根源、罪の根っこ、罪の母、罪の源は不信である。したがって不信よりももっと大きい罪はないのであり、不信こそは最も恐ろしい罪なのである。だから結局、具体的なこの罪あの罪が問題でなく、ただ信じるか信じないかが問題であるのみである。

それ故、これは人生の最も大きな問題である。この問題を解決してこそ人生は成功したのであり、また、勝利したのである。いくら人格が高邁で良心が正しいとしても、もし信じなければ彼はつまるところ罪人であり、それとは反対に、いくら器量不足な者であっても、あるいは、もとが美しくないといっても、彼がもしも信じるならば、神の前に義人である。それは彼が義人であるからではなく、神が彼を義人として扱われるからである。それ故、彼は義人ではないながらも義人になるのである。罪人であるそのまま、義人になるのだ。

それ故、神を否定し、主イエスを救い主として信じないことが不信であることは言うまでもない。しかし不信はそれだけではない。それよりももっと根本的な不信がある。それは「自分自身に何かがあるかのように思っていること」である。つまり「自分には何かがあるのだ」という心の態度、自分に何か（資格、条件、理由、功労などのようなもの）があって救われたのだと、あるいは救われるだろうと思っていることである。そして、「しかし、救われるには、信仰だけは自分になくてはならないのではないか、だから、救いの条件として、信仰だけは自分のものではないか」と考えるかもしれない。

しかし実は、信仰を自分のものと思うことが即不信だというのである。なぜならば、信仰そのものが恵み（神の賜物）だからである（エペソ二・八）。信仰は自分から出たものでもなく、自分自身にあるものでもない。それゆえ、信仰は決して自分のものではない。信仰は、ただ天父から私に贈り物として賜わり、信じる者として取り扱って下さるだけである。したがって信仰はただ天父の愛による恵みである。そうしてこの恵みはイエス・キリストの十字架によってのみ成就されるのであり、また、可能なことである。だから十字架だけが愛であり、十字架以外に恵みはない。

ああ！　恵みなるかな。恵みなるかな。主イエス・キリストの十字架の恵みなるかな。十字架のみの恵みなるかな。いかなる罪人、いかなる悪人、いかなる不信の人間であるかを問わず、主イエスの十字架によって赦されない者はなく、救われない理由はない。それゆえ、十字架はそのように限りなく貴く、聖にして平安なのである。

もう一度言おう。罪の中の罪は不信であり、不信の中の不信は「私自身には信仰があるはずだ」という考えである。そういう心構えである。信仰というものは、わが信仰を信じるのではなくて、キリストの十字架を信じることである。ところがその信仰は神が我々に無償で、愛ゆえに賜物として下さった恩恵である。これは最も大きく高く限りなき恵みである。この恩恵はキリストの十字架によるものだから、賛美せん、主イエスの十字架を！

（一九四七・七、『霊断』第一六号）

全ては恵みなるかな

恵みなるかな。恵みなるかな。恵みなるかな。人生も宇宙も一切は恵みなるかな。生きることも死ぬことも、食べることも飢えることも、笑うことも泣くことも、健康も病気も、寝るも醒めるも、大事も小事も、ただただ恩恵なるかな。全ては恵みなるかな。全ての事（現象）は皆、そのままが恩恵なのだ。恩恵でないものは一つもないのだ。

恩恵に失敗はなく、損害はない。恩恵に間違いはなく、不足はない。恩恵に悲しみはなく、痛みはない。恩恵に憎しみはなく、呪いはない。恩恵に滅亡はなく、死はない。

恩恵は愛であり、救いである。恩恵は祝福であり、平安である。恩恵は喜びであり、満足である。恩恵は賛美であり、感謝である。恩恵は豊かであり、充足である。恩恵は成就であり、完成である。恩恵は無限であり、永遠である。

わが魂よ！　お前は恩恵に包まれており、恩恵に浸っており、恩恵に囲まれ、恩恵の中に沈んでいるのだ。お前にあるものはただ恩恵のみである。過去も現在も、そして未来も、それもこれも、そしてあれも、ただ恩恵のみなのだ。

そうだ。恩恵である。恩恵である。始めも終わりも全てが恩恵でないものは一つもない。全くない。お前にいかなる不平不満があり、恨みや呪いがあろうと。そんなことはありえないし、あってはならないのだ。だから、万が一にもお前にそういったものがあるとすれば、それさえも恩恵であるはずであり、恩恵でなければならないはずだ。なぜならば、イエスの十字架の苦難と死が我々にとって恩恵であるからである。否、否、それこそは恩恵の中の恩恵であり、栄光中の栄光であるのだから。

ああ！　恩恵なるかな。恩恵なるかな。涙も恩恵であり、溜め息も恩恵であり、失敗も恩恵であり、損害も恩恵であることよ。そういうものほど真の恩恵であり、最大の恩恵であろう。それゆえ、失敗のときに喜び、損害のときに感謝すべきかな。溜め息ついて賛美し、涙流して祈らん。

分かった。いまこそ私は分かった。私を騙した者は恩人であり、私を害した者は恩人なるを。私を憎む者は恩人であり、私を呪う者は恩人なるを。それゆえ私としてはただ、「敵を愛し、憎む者には善をもって対し、呪う者を祝福し、侮辱する者のために祈る」ことだけである。これこそ私の本分であり、私のなすべき使命ではなかろうか。

おお！　真心をこめて祈ります。私を蔑む者、侮辱する者、騙す者、利用する者、そして傷つける者、苦しめる者、泣かす者、そして呪う者、十字架に釘打つ者たちに禍が臨まず、幸があらんことを。彼らにも私にあるこの恩恵が臨みますように。否、私よりもより多く、より大きく、より永遠に、より無限に。ハレルヤ！　アーメン！　ハレルヤ！

——ある牧師より、原子爆弾に撃たれた様な衝撃を受けたその翌日の二月二十三日、早天四時に頂いた恩恵の賜物——

（一九五〇・二、『霊断』第二二号）

信仰と清算

私はある日、お隣りに住んでいるある方に「イエス様を信じるお考えはありませんか」と尋ねてみたことがあった。その方は「私はキリスト教に反対するとか嫌いではないばかりか、信じる考えが全くないでもありません。しかし私が信じるには、清算すべきことが沢山ありまして……」というお答えだった。

私はこの答えによって、パウロの「アテネの人たちよ、あなた方は、あらゆる点に於て、すこぶる宗教心に富んでおられると、わたしは見ている」（使徒行伝一七・二二）という言葉が思い出された。はたしてアテネの人たちだけだろうか。人間は誰もが生まれた時から宗教性を持っているのである。「人間は生まれた時からカトリックである」という言葉も、つまるところは人間の宗教性を意味しているに過ぎない。（「宗教性」は信じようとする心、信じたい心、信じるようになっている性質、信じざるをえない心性など、いろいろな意味に解釈できる言葉である。）

そして人間に宗教性があるということは、昔も今も変わらない。にもかかわらず、信じる人が少ないのも、昔も今も変わらないのだから、不思議なことである。それは、信じるも信じないも、この世の一生を生きていく上では変わりはないからである。たしかに信じるということと信じないこととは、それこそ髪の毛一本の差しかないようだが、実は天地の差があるのである。信仰は決してこの世に属するものではないからである。

「人の生きる目的はイエスを信じるにある」と言った人もいるけれども、信じるということはそれだけ貴くて必要なのである。しかし人間は完全なるが故に信じるのでなくて、不完全だから信じるのである。完全であるならば信じる必要はないのかも知れない。しかし人々は、「自分はこれこれの状態なのだから、とても信じるわけにはいかない」とか、「せめてこれこれの事はある程度やった上で……」と考えるのが普通であるが、それは大きな間違いである。このまま、ありのままの姿で信じてよいのである。神はそれを喜ばれ、そして要求される。すべての過ちを清算して、完全になった後に信じようとするならば、永遠に信じることはできずに終わるであろう。

人間には自分の過ちや至らなさを直すことはできない。それができるならば個人も国家もこんな状態であるはずがない。だから清算してから信じようということは、誤解であり錯覚である。人間は清算などできる存在ではないし、清算できないから信じるのである。信じなければならないし、信じるしかない。しかし信じれば、神は清算したことにして下さるばかりでなく、清算できる力と知恵を与えて下さるのである。

にもかかわらず、不信者は「清算してから信じるつもりだ」というのだから、気の毒でもどかしい。それのみか、清算できなくて信じたはずの信者までも、できれば清算しようという心情をもっているということは、驚きであり寒心に耐えない。信じるということは神の前に無条件で降伏することである。無条件で降伏した以上は、また自分で何かをしようとするのは間違いである。信者はただ信じさえすればよい。善し悪しを考えるのは、神と何かを清算しようという僭越で驕慢なことである。人間は神の前に、罪人であるのみである。「正しく」あるはずがない。それゆえにただ信じるだけであって、清算とは何事か。貴重にして急ぐべきは信仰だけである。

（一九五五・一一、『聖書人生』第六号）

クリスマスを迎えて

クリスマスは到来した。喜ばしく楽しいクリスマスだという。もちろんである。それは事実でなくてはならない。しかし何のために喜ばしく、楽しいのか。いったいクリスマスのあの奥深い意味を知っていて、正しく迎える者がどれだけいるのだろうか。

今年は私にとっては十三回目のクリスマスである。今までさまざまな形でクリスマスを迎えた。しかし若干の違いはあったけれども、大体において喜ばしく楽しかった。ところがどうしてか、この度はどんな考えも感じも起こらないのはなぜだろう。時には憤慨して悲しかったこともなくはなかった。ところがどうしてか、今回は嬉しさも悲しさもない。なぜだろうか。免疫になったのか。麻痺してしまったのだろうか。そうかもしれない。しかし、そうではないかもしれない。

考えてみれば、クリスマス！　これより嬉しくて楽しい日は、またとないはずである。しかしまた、これよりも悲しくて苦しい日もまたとないであろう。平和の王、救世主が来られたのだから、どうして嬉しくないはずがあろうか。しかし、人類は彼をどう迎えたか。神の独り子、平和の王、救世主イエス・キリストは馬小屋に生まれ、飼い葉桶に寝かされたではないか。それだけだろうか。光が闇の中に輝いても、世は彼を知らず、彼が自分のところに来たのに、誰も彼を受け入れなかった（ヨハネ福音書一・五、一一）。かえって彼を蔑視し、虐待し、排斥したのだ。そして遂には十字架に釘付けたではないか。それなのにどのような面つら下げて、ぬけぬけと嬉しいとか楽しいとか言うのか。それは二千年前にユダヤ人がやったことだと言うのか。愚昧で奸悪なる者よ、お前の中にはイスカリオテのユダはいないのか。


何が嬉しくて楽しいというのか。

イエスは言われた。「これらの最も小さい者のひとりにしなかったのは、すなわち、わたしにしなかったのである」（マタイ二五・四五）と。お前はお前の隣りの、否、まさにお前の目の前のいと小さき者（そうだ。食べることも、着ることもできなかった病んで呻いている、しかし誰もかえりみない）乞食ラザロを知っているのか、いないのか。見ているのか、いないのか。静かに考えてもみよ！

クリスマス・ツリーはなぜ立て、早暁のキャロリングはなぜにするのか。あなたの贈り物は誰にするのか。それがイエスとどんな関係があるだろうか。あまりにも鉄面皮ではないのか。否、嘘である。ラザロは門の外で死にかかっている。それでも嬉しく楽しいのか。見よ！　ラザロは既にアブラハムの胸に抱かれているのに、お前はどうして、火炎の中で舌の先に水滴を垂らしてくれる人を探すのか。

現代のキリスト者よ、韓国の信者よ、いつになれば眠りから覚めるのか。この日が嬉しいというなら不信仰であり、悲しいというなら驕慢な態度である。ただ聖なる夜に静かに座って、心の扉を開き、主の御声をはっきりと聞こう。クリスマスを正しく過ごし、まことの「聖書人生」を生きるために！

一二・二三、早暁二時

（一九五五・一二、『聖書人生』第七号）

信仰者と夢

旧約聖書のヨセフ（アブラハムの曽孫）は夢をたびたび見たので、兄たちが「夢見る者」と非難して排斥した（創世記三七・五、九、一九）。そして彼は夢を解くこと（夢占い）にも長けていた（創世記四〇・一二以下、四一・二五～三六）。ところが新約聖書のヨセフも結構夢をよく見たばかりでなく、その夢によって暮した人である（マタイ一・二〇、二・一三、一九、二二）。

しかし夢はヨセフにだけあるのではない。人は誰でも、またいつも、夢を見ると言えよう。夢のない人はいないであろう。否、全ての人は夢の中に生きているといっても過言ではないであろう。

「人は欺かれて暮らす」という言葉がある。それは「人は夢の中で暮らす」という意味であると私は解釈する。そしてこの言葉は、夢をはかないものとして考えることから出てきた言葉ではないかと思われる。しかし夢とは果たして空事《そらごと》だろうか。違う。むしろ空事だと思うほうが間違いなのかも知れない。夢が空事で間違っているというよりは、その解夢（夢占い）が間違っているということはありうる。

ところで、睡眠中に見る夢もあるけれども、それよりは目醒めていて見る夢があり、その夢こそは必要であり、また貴いものである。そうして程度と内容の差はあるものの、人間は夢がなくてはならないのである。

普通、世の中では理想を夢だという。もしも理想が夢だとするならば、希望もやはり夢ではなかろうか。極端というかも知れないが、または間違いであるかも知れないが、一歩進み出て、信仰もやはり夢ではなかろうかと私は考える。大体、夢解きには良い夢、悪い夢があるが、それよりは夢解きを正しくせねばならないし、その夢を実現することに努力しなければならない。

「志あるところ、夢に現われる」という諺があるが、私はむしろこれとは反対に、「夢あらば、心に留むべし」と言いたい。これはいつも夢を抱くようにということである。夢は覚めると空しいからである。目覚めるということは壊れるということを意味するのだが、夢も壊れるとなんにもならない。だから夢を心の中に深く抱いて持ち、醒《さめ》ないようにすることが必要なのである。

それればかりでなく、夢を疑ったり無視してはいけない。いくらその解釈が難しく、今すぐ実現されない夢であっても、それを捨ててはいけない。旧約聖書のヨセフは夢を信じた。新約のヨセフは夢を実行した。これが夢に対する最も正しい考えであり態度である。

私は信仰も一片の夢であると言った。しかしこの夢は、神様が私どもに下さった夢であるばかりでなく、私どもをして、恵みの夢を見るようにしてくださった神の夢であることを我々は忘れてはならない。そしてこの夢こそは、時が満てば穀物が熟し実がなるように、必ず実現し完成するものであることを我々は信じるのであり、また信じなくてはならない。それは全能にして真と愛でいます神が、約束され、許され、そして御業として行いたもうからである。人は夢のごとき人生だといって落胆するが、私は醒めることのない夢に生きようと思う。

（一九五五・九、『聖書人生』第四号）

私は果たして「聖書人生」を生きているのか

もはや丁酉年（一九五七年）も暮れていく。多事多難な一年であったことは間違いない。しかし一年といえば三六五日であり、八、七六〇時間なのだが、一体私は、その間何をしたのだろう。たしかに、私なりには勤勉で熱心で真実であったかもしれない。

しかし違う。私は辛うじて『聖書人生』十二冊を世に出した。そうだ。私は確かに『聖書人生』を書き続けたのだ。そうしてさらに、「聖書人生」を語ったのだった。しかし、私は「聖書人生」を生きてはいなかったことをどうしよう。時には「聖書人生」を文章に書くとか口で語る必要があったのかもしれない。しかし、何よりも「聖書人生」とは生きることではないのか。そういう意味で、それこそ人類の歴史上イエス様お一人だけが本当に「聖書人生」を正しく生きられたのだと言わざるを得ない。なぜか。「聖書人生」とは信じることであり、また信じることとは結局従うことなのだが、イエス様だけが真に信じ従われたからである。

人々は誰それを問わず、信仰とか従順とかいう言葉をあまりにも妄《みだ》りに叫び、また容易《やす》く考えるのが普通であるようだ。それのみか、人々は各々、自分の標準や解釈によって自己満足していることを信仰とか従順とか言っているのみか、そのことを恩恵とか、愛とか勝手に言っていることには唖然として言葉を失ってしまう。そして、犠牲とか十字架とかいって騒ぐさまは、とうてい見るにも聞くにも忍びず、呆然としてしまう。

「聖書人生」は信仰の生活であり、従うことである。信じて従うということは、言うまでもなく十字架を負うことである。十字架、十字架、何とこれが容易く、ありふれていることだろうか。しかし、知っているふり、信じているふりをして騒ぎたて、我が目の中の梁は問題にせず、他人の目の中の塵のみを心配し、文句をつけ、それを除いてやろうと騒ぎたてることが、十字架ではないのだ。

信じること、従うことは、十字架を負うということであり、苦しくて恨めしきことであり、如何なることにも、そして何時どこで誰とのかかわりにおいても損をし、にもかかわらず弁明や言い訳をせず、ひたすらに忍び、耐えて、敵を愛し、迫害する者のために真心をこめて祈り求めることを忘れず、艱難、苦痛、貧窮、疾病その他あらゆる悲しみ、悲惨にも口をつぐみ、逆境に感謝し、喜び、平安であることだ。十字架とは結局死ぬことである。この世とは反対の、肉と戦うことである。涙であり、苦痛である。

内村は「苦痛の福音」という言葉を使ったのだが、この世において肉の生活に満足しようとするのは不信であり、罪悪である。十字架無しに何が「聖書人生」なのか。この年も幕を下ろそうとしている。人はクリスマスとか新年とかいって騒ぎ立てるであろう。しかし我々は「聖書人生」を生きねばならない。

（一九五一・一二、『聖書人生』三〇号）

どうしようもない人間と福音

「どうしようもない人間」という言葉がある。私の半世紀以上の人生で、もしも一つ悟ったことがあるとすれば、それは自分は「どうしようもない人間」だという、はっきりした一事である。人々は「やっとその程度のことが分かったのか」といって陰口を言うか、あざ笑うかもしれない。しかしこれは、そんなに無価値だとか恥ずかしいことだとは思わない。（勿論、自慢するとか満足するわけでもないけれども）それればかりでなく、もしも私が信仰生活さえもしていなかったとしたら、五十年はおろか百年を生きたとしても、おそらくこの小さい一事すら（しかしこれは限りなく大きな事であるけれども）悟れなかったかもしれない。三十余年の信仰生活において、僅かこれだけといえば心寂しいことであるに違いない。しかしこれもまた、いたし方のないことである。

「どうしようもない人間！」真に然りである。こうもああもできないのが人間である。というのが今の心境である。どう見ても、どのようにもできないのが人間ではないか。

「どうしようもない」という言葉は、どこにも使いようがないし、使えないという言葉であるようだ。だから全く無用な存在だという意味がそこには入っている。言いかえれば「どうしようもない」ということは、あっても無きに等しいとか、それよりも、むしろ無い方がましだとか、甚だしくは、彼がいればむしろ損になり邪魔になるという意味すらあるように思える。もう一つの意味は、何もできない、またば無能だ、する力がないというそんな意味にもなる。もしもそうだとすれば、結局「どうしようもない人間」という言葉は、「どこにも使えない、無用な（それほどに無価値）という意味と、「何もできない、無能力」（それほどに無能）という意味がある。

では、はたして人間はそれほどまでに無価値で無能な存在だろうか。もしもそうだとするならば、人間とはなんと惨めな存在なのだろう。しかし事実であるのだからどうしようもない。然り、私は「人間とはどうしようもない存在」だと考えざるをえない。このことは歴史が厳然として証明しているし、現実の事象がはっきりと証拠立てていることだから、誰が否定できよう。否定しても始まらないことである。もしも全ての人が「自分は違う！」と主張し、これに逆らうとすれば、その時には仕方なく、私独りででも「どうしようもない人間」であることを告白するしかない。然り、私は「どうしようもない人間」なのだ。このことは隠すこともできないし、また隠したってしようのないことである。むしろ憚《はばか》りやためらうことなく、率直に告白することである。

では、人間は元来「どうしようもない」というほどに無価値で無能な存在だろうか。決してそうではない。もしもそうだとするならば、「人間は万物の霊長」とか、「万物の中で人間が一番貴い」とかいう言葉が存在するはずがない。これらの言葉から推しはかれることは、人間が万物の霊長であるならば、最も貴い存在だということは間違いのないことである。ましてや聖書には「神は自分のかたちに人を創造された。すなわち、神のかたちに創造し、男と女とに創造された。神は彼らを祝福して言われた、……地を従わせよ、……すべての生き物を治めよ」（創世記一・二七〜二八）と言われた言葉がある。

これは「万物之中唯人最貴」（万物の中で唯人が最も貴い）という、漠然とした言葉ではなくて、その理由と内容を具体的に示したものである。そうしてまた聖書には「主なる神は土のちりで人を造り、命の息をその鼻に吹き入れられた。そこで人は生きた者となった」（創世記二・七）と言われた言葉がある。これは人間の霊的存在の根源を明らかに説明した言葉である。即ち、人間が万物の霊長であることを証拠立てる言葉である。そうしてみれば、人間とは貴い存在であることがわかる。然り、人間は確かに真に貴いのである。神が万物の中で最も貴いものとして造られたのである。真に貴重な、本当に値打ちのある存在なのである。だから、この貴い人間をそんなに無能な者に造られたはずがない。それゆえに人間はたとえ完全だとか全能だとか言えないけれども、それほど無価値で無能な存在ではないことだけは推量できる。これは神が自分と同じかたちに造られただけでなく、「地を従わせ、地に動くすべての生き物を治めよ」と命令されお許し下さったのを見ても、人間とは元来とても無能無価値な存在ではないことが充分理解できるのである。それではなぜ「どうしようもない人間」という言葉があり、またそれが事実であるのはなぜだろうか。

人間は果たしてどうしようもない存在なのだろうか。私ははっきりと信じ、そして敢えて言いたい。人間は決して初めから、つまり造られた時から、全く無価値だとか無能ではなかったのに、不幸にも、今になって、文字通り無価値で無能な者になってしまったのが事実なのだと。もしもこれが事実であるとするならば、その理由と原因は何だろうか。我々が考えなければならないのは、これである。問題の核心はここにある。

「人は万物の霊長」であり、「万物の中で人が最も貴い」ということは、決して漠然としていて、何ら根拠のない言葉ではない。先ほど考察したように、聖書もこの点を証明していることである。しかし、一つ我々が忘れてはならないことがある。それは人間がいくら貴くて立派だとしても、所詮は被造物、即ち造られた存在だというこの一点である。それゆえ、人間はどこまでも創造主、即ち人を造られた神に対して従順でなければならないということである。古の言葉に「孝は百行の元」と言ったが、それは事実であり、真理なのである。もしそうだとするならば、我々は何よりもまず父上であられる神に対して孝であるべきことは、まことに当然なことであろうと思う。

ところが、被造物である人間、造られた人、支配されねばならず、従順であるべき位置にある我々は、それとは正反対に創造主なる神、父であられる神の御心と命令に逆らい、どうして反逆しているのだろうか。これは言うまでもなく神を無視して信じない、または、信じ得ていないためである。

そして、人間のこの不信こそは罪悪の根源であり、堕落の始まりなのである。ところが大変不思議なのは、この不信の罪のために、人間は生まれた時の本来の恩恵である知恵と能力と聡明さを一切失ってしまい、人格と良心さえもすっかり麻痺してしまって、あたかも味を失った塩のように全く使い道のない、否、どうしようもない存在になってしまったことである。そうして不信の罪のために堕落した人間は、とうとう無価値で無能になってしまったのである。だから、不信の罪はいかに恐ろしく、堕落は不幸そのものである。

しかし、少しも落胆することはない。なぜならば、神は人間をしてもう一度本来の姿に帰ることができる道を開いて下さったからである。それはキリストの十字架による贖罪である。そこでイエスの十字架の功を信じさえすれば、いくら無価値で無能で、どこにも使い道のなくなった、それこそ「どうにもならない人」であっても、神はその人を義とされ、値打ちある貴いものとして受け入れてくださるという驚くべき事実が起こる。これを称してキリスト教は代贖とか贖罪とか言うのである。しかし、ここに一つ忘れてはならない、必ず必要なものがある。それは悔い改めである。

悔い改め！　これは地にしがみついている人間を、天に属した霊の人間として生まれ変わらせることである。即ち、罪から逃れて、義と聖に生きることができる新しい人間にすることである。そうして悔い改めというのは、自分の無能無価値を、神に対して謙遜に従い得ない不信の罪のためであることを悟ることである。そうして、その罪の赦しを得ようと渇望する心で切に祈り求めなければならない。

それゆえ、人は誰も悔い改めなければ、罪から逃れることはできない。そうして、いくら「どうしようもない」人間であっても、信じさえすれば救いを得ることができる。これを約束し教えたのが、イエスの福音である。

（一九五八・二、『聖書人生』三二号）

神の失敗

神は宇宙と万有の人間を創造し、主宰され、統治される、それこそ全知全能の絶対者であられる。ところが、その神がことごとく失敗され、時に後悔されることがあると言えば、誰がこれを信じ、理解できるだろう。

しかし、聖書はこの事実を明らかにしている。まず最初の人アダムとイブの不従順（反逆）をはじめとして、カインがその弟アベルを殺した殺人事件など、例をあげればいくらでも言うことができる。どんなに失望され、「主は地の上に人を造ったのを悔いて、心を痛め」られたと書かれているとおりである。即ち、心を痛めるほど後悔されたのである（創世記六・六）。

それでは一体、神は全能であられるのか、それとも無能であられるのか。もしも無能であられるとすればそれは神ではない。神の資格はない。では、神の失敗はどこから来たのだろうか。

私自身のことを言うのは当を得ていないことだし、恥ずかしいことであるが、私の生涯の体験を通して一つの例をあげるならば、私をこの世に生まれしめ、創世以前から選ばれた御心によって召され、罪から救ってくださり義とされたのだから、このことは間違いなく神の恩恵であり、その能力によって成就したことであるのは論をまたない。そして地上でおよそ六十年、いわゆる信仰生活も三十四年の歳月を、この波風の多い世の中で生きてこられたのは、徹頭徹尾恩恵でないものは一つもない。

しかし、ああ！　人生の夕べも遠くない今になって私が悟ったこととして、私の一生があまりにもはかなく無価値であったということがだんだんはっきりしてきて、骨身にしみて感じられ、限りなく心が痛ましいということである。これは私の無知無能はもちろんのこと、熱心と真実と誠意は少しもなく、ただ怠惰で愚鈍で頑固なせいであり、結局不信だったということとの証拠である。

それゆえ、全ては私に過ちと責任があることはもちろんである。しかしある面から考えれば、神を恨みたくもなる。それは神様がどうして私にもっと知恵や力や信仰を、恵みと聖霊を充分に下さらなかったのだろうかという思いからである。即ち、神は無能であるので、アダム以降今日に至るまで、失敗なさったのではあるまいかとさえ思う。しかし、神は私にそういうものを下さるために選ばれたのではなく、ただ主イエス・キリストの十字架の功と父の究極の真と愛を信じて、死んでも生きても、全てのことに従順であれということを教えるために、私を選ばれたということが御心なのだから如何せん。ならば私は、いくら能力不足で不信心であっても、主の御手にゆだね、最後まで耐えて御跡について行くしかないのではないか。それのみか、神の無能と失敗は、彼が愛であられる証拠なのだから、ただそのことも感謝するのみ！

（一九五八・一一、『聖書人生』三九号）

目覚めて祈りなさい

　新年を迎えた。一年は過ぎ去り新年が来た。『聖書人生』は五歳になったことになる。幼稚園に行ける年令になった。しかし果たして資格があるのか問題である。歳は満ちたものの、口を利き、言葉を聞くこともでき、独り歩きもできなければならないのだが、そういった条件が備わったか疑問である。ましてや街でいろいろな危険なことを避けることができ、特に危険な誘いに陥らないようにできるか疑問である。

　たしかにあらゆる面で弱くて足りない。そして、無能なことは事実だけれども、『聖書人生』の背後には全能なる御方の強力な手が常に共にいますので、何の心配もないのである。

　去る一九五八年は「整理整頓の年」になるようにとの御声を聞いたのだが、整理整頓はおろか、かえってどんなにいいかげんに過ごしてきたことか。しかし、さまざまな難関と苦悩を通じて、知らぬ間にある程度整理整頓ができた点もなくはないようだ。

　ところで、新年の一九五九年初日の早天祈禱の時間には、「目覚めて祈りなさい」という御声を聞かせて下さったように思う。信仰生活に祈りが必要なことは他言を要しない。しかし、もともと私には祈りが足りないのが事実である。あったとしても、ただ形式的な寝言のような死んだ祈りに過ぎないのではないか。しかしそれは真の祈り、生きた祈りではない。祈りは考えや言葉だけのものではない。ましてや習慣的とか形式だけの祈りは祈りではない。それは偽りの祈りであり、死んだ祈りである。

「心と意志と力と熱情」を全て傾けたものではない、即ち、熱心と、誠意と、真実のない祈りは祈りではない。言いかえれば、祈禱と生活は一致させなければならない。目覚めて祈りなさいということは、祈りと生活が一致するようにしなさいという意味のように思える。

祈りは神に対する告白であり、約束である。どうして微塵だに偽りがあり得ようか。そうして祈りは神の御心に従う心のあらわれである。祈りは神の御声を聴くことであり、それを実践に移すことが信仰生活である。だから祈りは、どんなにか貴重なものだろう。したがって祈りのない信仰生活はあり得ない。それも偽りのない祈りであってこそ、神と通じる生きた祈り、真の祈りなのである。

これこそは目覚めて祈りなさいと言われた正しい祈りであろうと思う。人は目覚めなくては祈ることができず、また、祈りなしには目覚めることができないのだ。今年は戌《いぬ》のように出歩くばかりしないで、猪のように静かに隠れて祈禱する一年であることを心から願いつつ、新年を迎える次第である。

読者よ、皆共に目覚めて祈られたし。


（一九五九・一、『聖書人生』四一号）

無教会信仰の性格

「神は愛」（ヨハネ一の四・八、一六）。「神はその独り子を賜ったほどに、この世を愛して下さった。それは御子を信じる者がひとりも滅びないで、永遠の命を得るためである」（ヨハネ三・一六）。「人の子が来たのも、仕えられるためではなく、仕えるためであり、また多くの人のあがないとして、自分の命を与えるためである」（マルコ一〇・四五）。「『わたしが好むのは、あわれみであって、いけにえではない』とはどういう意味か、学んできなさい。わたしがきたのは、義人を招くためではなく、罪人を招くためである」（マタイ九・一三）。「ただで受けたのだから、ただで与えるがよい」（マタイ一〇・八）。

聖書にはこのような言葉がいくらでもある。イエス様は「あなた自身のようにあなたの隣人を愛さなければならない」（レビ一九・一八）と言った旧約の教えからさらに一歩進みでて「敵を愛し、迫害する者のために祈れ」（マタイ五・四四）と命じられたのである。そればかりではない、その他にもイエス様のこのような教訓の御言葉はいくらでもある。これがキリスト教であり、イエスの教えなのである。イエスは神の独り子であられ、人類の救い主なる御自身の使命を完遂されるために、十字架を負われ命を捨てられたのである。実に驚くべきことである。

ところで、無教会主義の創始者であり私の恩師の日本人内村鑑三は、どう見ても聖書の言葉やイエス様の教えとは距離があり、きわめて違ったところがあるように見えるし、そのように思える。彼はまず彼の聖書研究会に集まる人たちから会費を徴収した。そうしてそもそも神を礼拝することをさしおいて、我々の霊魂の糧である神の御言葉を何か学問や科学の知識ででもあるかのように、研究することにだけ力を入れたということ自体が理解しにくいというよりは、土台面白くないことなのかもしれない。集会の時間に遅れるということを厳格に禁じて、遅れる場合にはむしろ来ないほうがよいというくらいだったし、集会に出席するには先生の許可を得ることになっていたし、あたかも入学試験のような順序を踏まねばならなかったのだから、はたしてこうしたやり方がキリスト教的であり、聖書の精神に合致するのか、神の御心にもとるのではないか分からないことである。

これればかりではない。植木良佐という誠実な青年が、内村先生の集会に出ている先輩の紹介状をもらって集会に出席しようとして先生を訪ねて行ったところ、ちょうど玄関先に「『聖書之研究』（内村先生が執筆された聖書雑誌）を一年以上読んでいない者は集会に出ることを許可せず」という貼り紙があったのだが、先生はそれを指さしながら「今私が作った規則を私自身がここで壊すわけにはいかないから、もしも君が私の集会に是非とも出たいなら、一年後になっても必ず来るだろうし、もしもそうして来なくなるのなら、初めから来ないほうが良いだろう。だから一年間だけ待ちたまえ……」。このようにして断られたことがあると、内村先生の召天後、植木氏が発刊している『ちとせのいわ』という雑誌に載ったものを、追憶文集に転載してあったのを読んで感慨無量である。私はこれに類する逸話をいくらでも話すことができる。

しかし、今やそれらのことを全て言う必要もないし余裕もないから、ただ一例を挙げただけである。私は幸か不幸か拒まれはしなかったが、やはり先生が幾つかの質問をされた後に入会を許されたし、また、先生にお会いするには、ずっと長い間出席していた会員の紹介はもちろんのこと、何箇月も待たされたことを記憶している。そうして植木氏は失望することなく、永遠の生命に関する教えをいただくために一年くらい準備するのは当然であると考えて、我慢して待ち、先生の門下で習うことによって立派な伝道者になり、上述の雑誌を発刊したのだが、伝道に無理をされてか、早くこの世を去られたのは惜しいことである。

それだけではない。内村先生を誰でもが皆、怖いと言う。先生は時たま何か重大な信仰問題、即ち「信仰のみによって救われる」「人の救われるのはイエスの十字架のみによる」といったようなことを語られると、必ず、「わたしはこう信じる。もしも諸君の中に、これを信じられない者がいれば、しかたがない。別れよう。今直ちにこの場を去って欲しい。たとえこの場にわたし独りが残ったとしても仕方のないことである」と付け加えられるのが普通であった。そう語られて、「最近、若い信者が、用心して冒険を避けているが、それはおかしい。信仰は冒険なのだ。神がおられるおられないは誰も証明できない。おられるのだと信じて冒険するのである。やり甲斐のある冒険ではないか……」。あるいは「人はいつまでも老いたくないなら、自分よりも強い敵を持たねばならないのだ」と言われた。内村先生はそれこそ獅子や鷲のように怖い人なのかもしれない。

もちろんこれは先生の性格なのかもしれない。しかし先生がもしもイエス様を信じなかったとしたら、たとえ強くて怖かったとしても、内容が違っていただろうことは確かである。内村の信仰は神本位主義であり、十字架中心であった。先生は「キリスト教は十字架教である」といつも言われた。十字架は狭き門であり、細き道である（マタイ七・六、一五・二四〜二五）。それは人の情のない、否、無慈悲な態度であり、言葉だろう。そうだ、真理はまさに氷のように冷たいものであり、愛はまさに焔のように熱いものである。誰がよくこれを我がものにできようか。

私は今、内村先生の言行や生活に対してあれこれと説明したくはない。それは私が内村の宣伝者ではなく、崇拝者でもないからである。本当に私はそういったことはしたくない。そうしてみると、先生逝かれて三十年も経たずして（今年で二十九年になる）彼の碑を建てる者が多いようだが、概《おおむ》ねそういった人たちは、先生の在世中には先生に反対したか、排斥していた人が多いのは不思議なことである。一方、先生から学んだけれども先生より立派な人もあるようなので、大変有難いことではあるが、だからと言って先生を無視するとか離反することは賛同できないことだと思う。ところで、私のような者は先生より先んじるどころか、まだまだ先生を理解すらできていない状態なのだから、心苦しく恥ずかしいかぎりである。こんな私がどうして先生の碑など建てることができようか。私は甚だいたらぬ者でありながら、上述したように、内村先生に学んだお陰で(二年余りの短い期間であったが)、入信以来今日に至るまで三十四年間、何も自慢するような生活はできなかったけれども、ただイエス様の十字架による贖罪信仰を続けることができたことを、神に感謝するのである。

最後に、我々が一つ考えるべきことは、わが国には全てがそうであるように、今は、無教会主義までも偽物が白昼に横行して、ちょうど教会側に何々教会とか、何々長老とか、何々執事とかいって騒々しいのと同じく、我々を苦しめ踏みにじろうとする人たちがいるというのは限りなくおかしいことである。しかしそんなことは問題ではない。元来キリスト教は迫害の中で育ってきたのだから、いつでも、どこでも、誰からも誤解と憎しみを免れないのだから、むしろ喜び感謝すべきことであって、決して不幸でも悲しみでもないのである。主イエスは言うに及ばず、パウロも、ルターも、その他真の信者は必ずこの世から誤解され、憎まれ、結局は追い出されてしまうのである。

内村先生の生涯もまたその他に何がありえるだろうか。国と同胞からは国賊、反逆者、教会と信者からは異端者、反動分子、家庭と親戚からは排斥される者以外の何者でもなかった。彼は献金と資金問題で醜態を演ずるのを防ぐために集会を会費制にしたし、時間厳守によって真実を養ったし、入会を許可制にし、悪魔の妨害を防いだし、聖書の研究によって偶像崇拝と狂信者を退けたのであった。彼は哲学、科学、歴史などの知識と常識を土台にして、より健全な信仰をただイエスの十字架という永遠なる盤石の上に打ち建てたのである。彼の無教会主義は、聖書本意の福音主義である「信仰のみのキリスト教」であるのである。

(一九五九・三、『聖書人生』、第四三号)

聖日は厳守すべきである

ある日、癩《ママ》病患者の伝道者が訪ねてきて、お互い胸を割って信仰談をかわす中で、彼は急に「先生の聖日厳守に対する聖書の根拠は何ですか」との質問を受けた。私は急に考えが浮かばなかった。しかし私はいつ誰に、また聖書のどこから教わったかは知らないが、信仰に入ってからこの方、主日の礼拝だけは比較的厳守したことになる。もちろん礼拝に出席したという形式でなく、神を礼拝しようとする心が問題である。その誠意と真実が貴いのである。

人々は言う。「神は霊であるから、礼拝をする者も、霊と真理とをもって礼拝すべきである」（ヨハネ四・二四）と言われた主の御言葉を引用しながら、「だから、いつ、どこで何かが問題なのではない。また主日や礼拝が別にあるのではなく、どの日も主の日であり、生活自体（または全体）が礼拝でなければならないはずであって、あえて主日の厳守を云々するのは幼稚であるか、甚だしければ律法主義に過ぎないのである」と。大いに同感である。否、これが即ち私の考えである。

しかし現実はそうではない。我々は教会でしているように、聖日の早天、午前、夜、水曜祈禱会、さらに加えて区域会または訪問等々、礼拝と祈禱会が組織化していて、そのために息つく暇もなく騒ぎたてるのは、到底ついていても行けないばかりか、理解に苦しむ面もなくはない。そこで我々は一週間に主日の午前に一回だけ集まる。教会の熱心な兄弟姉妹たちは、我々の無誠意、否、怠惰、ひいては霊の糧の貧困であることに同情するかもしれないし、あるいは非難罵倒するかもしれない。しかし、我々はそれさえも実践できないことを悲しむ者である。

面白く聞いて聞き流してしまうならいざ知らず、

聖書の勉強即ち、神の御言葉の研究である我々の礼拝は、そんなに易しく簡単なものではない。礼拝が一時間で、そのうち説教は十分ないし十五分であるならば、どんなに良いだろうか。我々の場合、二時間またはそれ以上を微動だもせず聖書の勉強をするのだから、実は退屈さを感じる余裕さえもないのだからどうしようもない。形だけの礼拝や祈禱を強要する者は誰か。多く人を集め、礼拝や祈禱は短くして、閑談やパーティには時間を惜しまない現代の教会と、我々と相違や隔たりがあることは事実である。そこで私は若い兄弟に言った。「信仰は理論や考えではなくて、生きた生活であり、体験である。我々は毎日が主の日であり、生活全体が礼拝や祈りであろうとするため、主日の礼拝は厳守するであろう。それが基本であり基礎であり、元になるからである。主日の礼拝を等閑視する人で、生きた信仰を維持しているのを見ることは難しい。言葉や考えで正さずに、信仰を固くするにはまず主日の礼拝を厳守しなければならない。」

（一九五九・六、『聖書人生』第四六号）

私は第一人者である

　私は第一人者である。それも世界で第一人者だと言う。人々は疑うか、あざ笑うか、罵倒するかもしれない。しかし、事実であるのだからしかたがない。こんな考えが浮かぶ時、他人はさておき、まず私自身がこれを疑い驚かざるを得ない。これは何という空想なのかと。いや、精神異常、気違いになったのかと。また、何たる錯覚なのかと。

　しかしどう考えてもそうは思えない。第三者や医師や心理学者はどう言うかわからないが、私はこの思いのため嬉しく、感謝し、満足しているのだからしかたがない。

　それでは一体どうして、また何が第一人者なのかと自ら質問してみる。どう考えても、この世の基準や人間的な観点では、そう言えそうなことは何もない。一つもない。この世が知っているように、第一、明らかに私には万人が望むお金がない、地位も、名誉も、学識も、才能も、技術も、その他何も持っていない。もちろん柔和も謙遜も、真実も勤勉もまた雄弁も、はなはだしくは健康さえも優れていない。ましてや愛とか信仰とか、真理などはあるはずがない。あるとすれば怠惰、愚かさ、偏狭、固執、偽り――そうだ、あるものはただ罪のみ！　そこで言う。私は罪多き者として第一人者だということである。あまりにも恥ずかしく、情けなく怨めしいことである。どうして顔を上げることができようか。

　だから結局私は、不幸者の中の第一人者なのか。確かにそうである。しかし決してそうではない。私は間違いなく幸福者の中の第一人者なのだ。なぜか。見よ！　先に述べたように人間のかす、捨てても惜しくない、捨て場すらない、それこそ死んで滅ぶしかない私ではないか。それなのにこの私を神は選ばれ、召され、聖別して下さったのである。私をこの身このまま、罪そのまま、不信そのままに受け入れて下さった。

それゆえに私は今や天の国の民であり、神の子であることが明らかではないか。私は何をさらに考え願おうか。肉の世であるこの世において！ ない。何もない。私は地上にいるけれども天に希望を持っており、肉の身で暮していながらも霊の営み、即ち心の世界、愛の世界で生きることができるし、また、生きているではないか。

それだから私が幸せ者でなくて何だろう。だから、私は幸福者の第一人者だというのだ。誰が反対し否定しても構わない。関係ない。実はこの世はサタンが支配しているため、天や霊とは正反対なので、むしろこの世では人に憎まれ、排斥され、侮辱されるのは当然であり、幸いなことなのだ。ああ！ 私がこの世と人の中で第一人者であるとは。そうだ。私はそれをはっきりと信じる！

（一九六〇・一、『聖書人生』第五一号）

まことに不思議な世界

只今、一九五五年十二月三日の早天三時。私は月刊雑誌を始めてやっと半年にしかならないのだが、今ここで五・六号の二冊を一緒に発送するに当たり、心細さを禁じえない。惨めである。辛い、恥ずかしいなどと言うよりは、まことに申し訳ないことである。

しかし私の無知、無能、非才、怠慢、不誠意、不徹底等々を、さらにそれよりも私の不信を考える時、これだけでも雑誌を発行できたことは私にとっては誠に驚くべきことであり、大変なこと、否、奇すしきことと言わざるをえない。人々は笑うかもしれないけれど。

一体私には何があると言うのか。学問、知恵、才能、勤勉、熱心、真実、信仰、愛、その他何か一つでも持っているのか。ましてやお金なしには暮していけない世の中で、お金とは縁が薄いし、また権勢とも距離が遠いではないか。考えてみれば私には何もないのだ。そうだ、私にあるものと言えば、何もないということである。もし私にも何かがあるとすれば、それはただ、ないものだけがあるということである。何と惨めなことだろう。

だから私のような者が月刊誌を出すということは、全く無理であり、冒険である。それよりも無謀なことであり、愚かなことと言わざるをえない。そうして今度が三度目の雑誌なのだから、何という恥知らずなのか。我ながらあきれるばかりである。

しかしこのような私が、このように難しくて苦しいことを三回も繰り返すということは、ただ無知、蒙昧、無謀、不信だけではないとする考えも無くはないのだから、私自身驚くばかりである。では私は鉄面皮なのか。それとも金儲け、地位、尊敬、称賛等々の何か有利で幸せなことであるというのだろうか。いくら考えてみても、この仕事は確かに面倒で苦しく損なことばかりである。そうして時には誤解、文句、怨み、そして甚だしくはあざけりと中傷までも伴うのだから、また何をか言わんやである。実にあきれたことである。

それだけだろうか。特に韓国では無教会信仰を維持することだけでもそんなに容易なことではないとすれば、ましてや無教会の雑誌を出すということは難しいのだから、苦痛というよりはむしろ不幸なことと言わざるを得ない。

しかし他人は何と言おうと、あるいは私自身どんな結論に至ろうが、そういったことは問題外のことである。だから私が雑誌の発行をことさらに間違いとか失敗とか、誤算とか、恥ずかしいとか、苦しいなどと、不平不満を言ってはならない。そうすれば、それは余りにもおかしいことだというより、自己矛盾になってしまうのである。したがって読者諸氏も私のこういった事実と状況を充分理解していただき、私と共に『聖書人生』誌のために先ず神の前に祈り、そして指導鞭撻、忠告激励をもって助けることを怠らず忘れないようにすべきである。

このようなわけで、『聖書人生』誌は決して私ができるからとか、やりたくてしていることではないということだけは、はっきりした事実である。だから我々は（書く者も読む者も）等しく手を取りあって「聖書人生」を正しく生きて行くために、心と意を一つにして努力すべきであり、また、非難と嘲笑と失敗があっても、少しも気にするとか後退することなく、いつでもどこまでも一糸乱れず直進すべきである。

私はこの世に生まれて半世紀以上生きてきたのだが、今まで他人に対して一度も自信をもって自慢してみたことはない。それは、自慢すべきことが一つもないからであることはもちろんである。それほどにまで無能で愚鈍な者を神はなぜ選ばれ、召されて、立たしめたのだろうか。そうして、この恐ろしく奸悪な世の中に福音を宣べ伝え、証しせよと言われるのはどうしてだろうか。

ああ！　問うことをやめよ。これは明らかに、お互いに恥ずかしいこと、苦しいこと、つまるところ不幸なことである。なぜならば、そこにそこに「神は、知者を恥ずかしめるために、この世の愚かな者を選び、強い者を恥ずかしめるために、この世の弱い者を選び、有力な者を無力な者にするために、この世で身分の低い者や軽んじられている者、無きに等しい者を、あえて選ばれたのである。それは、どんな人間でも、神の御前に誇ることがないためである」（一コリント一・二七〜二九）と言われた御言葉がそのまま成就されているからである。だから私には苦しいことであり、世の人々に対しては恥ずかしいことでなくて何だろうか。しかし、それが神の思し召しであり栄光であるとするならば、読者諸氏も私も何も言うべきことはないのではないか。これはまさに神の権能と知恵、そして恩恵と慈しみの表れなのだ。それゆえに我々は従う以外にないのだ。だから我々は苦しみながらも、恥をかきながらも、どうしようもなく神の聖名を賛美しつつ、感謝と栄光をただ神にのみ帰するしかないのである。そうだ、我々の為すべきことは、ただそのこと一つしかないのだ。これは不思議なことでなくて何だろうか。

それだけではない。「読者と共に」（第三号参照）でも述べたように、『聖書人生』誌は決して私独りで為すことではないということは、何度も言ったことである。実は今回においても二つの号を一緒に発刊してみようとすれば、原稿も費用も心配になっていたことは事実である。しかし不思議にも原稿はなんとか辛うじてできたが、費用のほうは漠然としていた。ところがある日、書留め郵便が二通も一緒に飛び込んできた。一つは釜山から、もう一つは馬山から来たのである。そこで費用も十分満たされたのである。まことに不思議なことである。どういうことなのか私自身もよく分からない。しかし、見栄えなき『聖書人生』誌はこのようにして刊行され、育っている。なんと不思議なことだろう。誰が何と言おうと、不思議なことである。ただ神が共にいまして、処理して下さるならば、それで満足するからである。私は信じる。『聖書人生』誌は神様がおん自ら主管して下さっていると言うことを！

信仰の世界は確かに不思議な世界である。全てが相働いて益を成し、徳を立て、恩恵ならざるものはないからである。ただ信じて、ついて行くのみである。(これは『聖書人生』誌を始めた年の冬に書いたものである。私としては本当に感激したのだが、当時としてはこういったことは日常茶飯事であったのが事実である。その後満五年が過ぎて、『聖書人生』誌は五十一号になった。それが全部奇跡的にできたのだから、なんと不思議なことだろう。ただ感謝あるのみ)

（一九六一・一、『聖書人生』第五一号）

私は十字架を信じる

十字架の言は、滅び行くものには愚かであるが、救いにあずかるわたしたちには、神の力である。

（一コリント一・一八）

信じるということは大きな冒険である。はなはだ危険なことである。刃を口にくわえて幅跳びをするようなことなのかも知れない。ここに記した聖句はパウロの言葉である。しかし、聖書は神の言なのである。

私も二十世紀の空気を吸っているのだから、無学ではあるが迷信で偶像を拝したくはない。それではいけないだろうと思う。しかし、私は十字架を信じる。信じざるを得ない。もちろん十字架の形を後生大事に考えているのでは決してない。ましてや、いくらイエス様が負われた十字架であろうとも、十字架そのものに意味でもあるかのように信じるわけでは毛頭ない。それゆえ、十字架が何千、何万、何億あろうとそこに意味はなく、私にはなんらの関係もなく、無用なことである。したがって、これを屋根に立てる必要もなく、腰に下げるとか壁に掛けておくことに何の意味があろう。私の心の中にあってしかるべきではないか。

重ねて言うが、私が十字架を信じるということは、もちろん神の独り子なる、そして救い主なる、否、私の罪を代贖して十字架に架けられた、あのイエス様の十字架の功を信じるということである。イエス様が流された血は私の罪を贖われようとして、即ち私の罪のために、その罰として十字架に架かって流されたのだと私は確かに信じる。私の十字架に対するこの信仰を、迷信と言おうと、偽善と言おうと、あるいは無知と言おうと、それは人によって違うだろうし、その人の自由である。しかし、このことのために私を気が狂ったと言おうが、あるいは憎み排斥しようが、またたとえ絶交されるとしても、この瞬間までの私の考えには変動はなく、そして変えることはできないのだ。

それだけだろうか。私はイエス様が十字架上に流された血の功によって私の罪が神の前で赦されることができると、否、すでに赦していただき、これから先もいつでも赦していただけるということを信じ、またこの信仰を一生の間、否、否、永遠に抱こうとするのであり、そのように抱くことができるよう切に願ってやまないのである。そのことを切に祈り、また努めるのである。このような考えと願いのために生きているといっても過言ではなく、間違いではないのだ。これをどうして、理論や観念だ言えようか。

私はイエス様が十字架によって世に勝たれ凱旋なさることを信じる（コロサイ書二・一五、ヨハネ福音書一六・三三）。それゆえに「わたし自身には、わたしたちの主イエス・キリストの十字架以外に、誇りとするものは、断じてあってはならない」（ガラテヤ書六・一四）のである。私はこのことを感謝し、また満足するのである。　一九六〇・二・二四

（一九六〇・二、『聖書人生』第五二号）

無能の恵みを感謝する

私はイエス様を全知全能なる神の子であると同時に、救世主であられるばかりでなく、特に私の救い主と信じている。しかし、入信してから間もない頃「自我の無能なイエス」という内村先生の文を読んで大変驚いたことがあった。先生のお言葉は大体次のようである。

イエスは神と一つであります。否、神であられる。したがってイエスは為す能わざることがなかった。しかし彼は自我に対して無能であられた。他人のためには十字架に架けられて生命を捨てたまい、罪の身代わりとなって呪われるまでなされたが、御自身のためには何もなさらなかった。否、何事もできなかったのではないかと思える。しかし違う。だからイエスは我々の救い主であり、また神の子、そうだ、彼自身が神なのである……、云々

私は最初にこの文章を読んで良く理解できなかった。実はイエス当時の人々も、イエスが他人を救いながら自分自身は救えないでいると文句をつけるだけでなく、イエス様を信じることができなかったのである。現代もまた同じである。もしもイエス様が他人よりも自分のために生きられたならば、当時も今も数多い人々が喜んで彼に従っただろう。人間は自分のことだけを為そうとするサタンの僕《しもべ》なのだから。

それゆえにイエス様は「だれでもわたしについてきたいと思うなら、自分を捨て、自分の十字架を負うて、わたしに従ってきなさい」（マタイ一六・二四）と言われたのである。ああ、それなのに私は自分を否定したり十字架を負うこともできないくせに（または忌避しながら）、自分に対しても無能なのだ

からどうしようもない。否、自分に対して無能なことは我慢もできるし、また構わない。しかし、他人のためにも無能なのだから、困ったことである。

私は今日に至るまで、私の無能のためにどれだけ悲しみ、苦悶したか知れない。率直に告白するならば、もちろん何よりもアブラハム、ヨブ、ダビデのような人々の信仰を羨み尊敬しながら、密かにソロモンの知恵とヤコブの狡猾と、サムソンの力と、そしてそれよりもモーセを始めとするエリヤ、イザヤ、エレミヤ等々の愛国・愛民族の群れ、そうしてバルナバのように善行のできる人、パウロのように主と福音のみのために生命を捧げた熱情と精力を、私は心から羨ましがり、切に願ったのだった。

しかし幸か不幸か、短くもない人生をこんなにも無能な中に過ごしてきたのだから、また生きているのだから、まことに寒心に堪えない。それにもかかわらず私は喜び感謝し満足する。それは神は生きておられ、真にして愛であられる父にいますのだから、全てのことを最善に働かせたもうことを信じるからである。そこで私は生来の無能までも恵みと信じて感謝する。

四・一六

（一九六〇・四、『聖書人生』第五三号）

神は生きていたもう

今私がこんなことを言うのは、あまりにもわかりきったことでもあり、キリスト信者にとって当たり前な事なのかも知れない。だから、私は今になって初めて「神様は生きていたもう」ということを信じることになったとか、あるいは初めて悟ったということではない。信じ始めた最初から、私にとっては神様が生きていたもうことを見て（あるいは悟って）、神を（またはイエス様を）信じることになったのだった。そうしてその後三十五年を過ぎる間、（もちろん神様は常に生きていたもうけれども）神が生きていたもうということを何回体験したかわからない。特に何か大事に出くわす時、または何か変化がある時には、特別、神が生きていたもうことを感じる（または悟る。）（それはもちろん私の信仰の弱さからくるのかも知れないことだけれども。）

ところで、私は今度のいわゆる四・一九学生義挙（または民主革命）を通じて、もう一度はっきりと神様が生きていたもうことを深く感じ悟ることになった。このことが私の誤解なのか錯覚なのか分からないが、私にはそのように感じられたのだから、率直に語るだけである。

もちろん私も、このことによって学生たちが自信を持ち過ぎるとか、あるいは社会各層のあらゆる人たちが、革命の担い手である、学生さんに何も批判を言えないということは間違っていると思う。私は学生たちを無視するのでもなければ、無視したくもないけれども、今度の革命を、学生や教授団が自覚的、計画的、または意志的に一致団結して成したことだと全面的に信じることはできない。ただ、社会現象としてみればにわかに、ほとんど自然発生的に現われた現象に過ぎないのだ。（だからといって全く無意味、無価値だと言うべきではない。）

では、今回どうして私が神は生きていたもうということを感じることになったかと言えば、いくらこの世で人間たちが、立派だとか英雄的だとか言って頭を下げて崇拝し、ほめ讃え、追従するとしても、また彼が誰であるにせよ、知恵、知識、才能、権勢、または権謀術数、中傷謀略、その他いかなる知謀や方法手段を弄する者であっても、神様だけは欺くことも勝つこともできないし、ましてや悪と不義と不信は、神の公正な、そして厳粛な審判を受けて滅び、崩壊し、倒れてしまうということを、明白に、確実に、徹底的に目撃することができたからである。義と真にして生きていたもう全能者なる神の前には、神出鬼没の李承晩も、彼の糞を舐めていた取り巻き達も、何者でもない。

六〇・五、二四

（一九六〇・六、『聖書人生』第五四号）

信仰と幸せ

ソン・ジファン君の場合

去る三年の間、小生は病床に臥して仕事ができなかったので、垣根も壊れ、そして、あばら屋ながら修理もできなくて、壁が壊れて心細い限りですし、生計は豊かでなく不自由な暮らしです。しかし小生は、高楼巨閣で富貴栄華を欲しいままにしている億万長者で暖衣飽食の不信の群れより、私のこの生活の方がずっと満足で、幸せを感じています。先般のお手紙で小生が七難八苦を願っていると申しましたのは、今まで苦労を知らず鍛練されていないこの霊と肉を鍛えて、鈍くて無知なこの人生を、この世で使い道のある者にして下さるようにという切なる願いであります。

そういうわけですので、小生はただ信じるのみでございます。神の思し召しにしたがい、主に依り頼んで御後に従う道であるならば、茨の道が千里であろうとも、泰山が前を遮ろうとも、海が前に現われようとも恐れることなく、小生のこの暮しが、あばら屋も維持できなくて家なき乞食になろうとも、感謝あるのみであり、幸せに感じて満足するだけに存じます……。（小生のこのささやかな願いが成就できなければ、祈りの誠意が足りないことと、信仰の行きづまりを感じずにはいられないことであります。）それゆえ、小生は祈りの時はいつも神にお願いし、信じるのみでございます……。

ああ！　何と驚くべき文章だろうか。これはソウルの中央医療院で不治を宣言されて治療を断られて自殺を企てた瞬間、ふと、その内容がどんな本なのかも知らないまま、『聖書人生』誌を何冊か読んでいくうちに、はからずも願いもしないキリスト教を初めて知り、さらに今までは想像もつかなかった新しい世界を発見した思いで、にわかに絶望から希望へ、暗黒から光明へと生まれ変わることになった、貧しい結核患者のソン・ジファン君が、信仰と希望を抱いて山間僻地の郷里に帰り、喜びと感謝に溢れて私に寄せてくれた手紙の一節である。

私はこれを読んで胸が張り裂けんばかりであった。とてもこれを受け入れ難いからである。感激も度を越えているので、ぼーっとするだけだった。ソン君のこの信仰と考えは、いつ、どこで、どのようにしてできたのだろうか。私はとうてい理解ができない。キリスト教を知ってようやく二ケ月程度、それも『聖書人生』誌のような信仰の匂いも別にないものを何冊か読んだだけで、はたして彼がこんなにまで信じることができるだろうか。梧柳洞集会に二回出席した後、帰郷してまだ一ケ月に満たないのだから、その間聖書を読んだとしても、たかが知れたものではなかろうか。昼夜の別なく切なる祈りは捧げ続けただろうけれども。

神を信ぜよ……。誰でも……その言っていることが成就することを信じて心に疑いがなければそのまま成るであろう……。なんでも祈り求めることは、すでにかなえられたと信じなさい。そうすれば、そのとおりになるであろう。

（マルコ一一・二二～二四）

と言われた主の御言葉が思い出されると同時に、この御言葉がその通りソン君に実現されたことを切実に感じることになったのである。

だからこの事実は明らかに「人ができないことを神が為し給うたこと」と言わざるを得ない。これを誰が否定し得ようか。それこそ神は恵みと権能の神であられる。まことに奇すしく、限りなく感激すべきことである。人は誰もが幸せを求める。おそらくそれは古今東西における共通のことだと思う。人間とは幸福を求める動物であり、幸福なしには生きられない動物なのかも知れない。

しかし、はたして世の中には幸福というものがあるのか。そして一体幸福とは何なのか。トルストイやヒルティが『幸福論』を書いたからといって、彼らだけが幸福に対して関心を持ったと言うことはできないはずだ。旧約の「伝道の書」は、ある知恵のある人が人生の幸福を求めてあらゆる手段と方法を尽くして一生涯さまよい苦労したが、結局は知恵も知識も享楽も事業も富貴も栄華もその他人生のあらゆることが、ただ空しいだけで、あたかも風を捕えようとするかのように無益であるだけだった、という告白を記録した本である。彼は善悪を問わずあらゆることを欲しいままにした後、人生の空しさを痛感して、「あなたの若い日に、（即ち、年老いて後悔する前に）あなたの造り主を覚えよ」（コヘレト一二・

一）と後進たちに警告したのである。そうして最後に「（人生の全ての）ことの帰する所は、神を恐れ、その命令を守ることである。これは全ての人の本分である」（コヘレト一二・一三）と言った、「コヘレトの手紙」の著者は、驚きくべき最大の教訓と最高の遺産を後世に残したのである。この言葉は、人生の最高の理想と最後の目的は、ただ神のみを信じてお仕え申し上げる従順のみだという意味である。コヘレトの手紙の著者はは真の幸福を探し当てたのである。

神は信仰の祖先アブラハムに対して、「あなたは祝福の基となるであろう」と約束されたのだが、その「アブラハムは主を信じた。主はこれを彼の義と認められた」（創世記一五・六）のである。聖書は人間の最高の幸せを「神が義とされる」ことと言い表す（ローマ三・二二〜二六参照）。神を信じるので幸せだということは、信仰自体が幸せであるということを言っているのである。結局人生の幸福は信仰にあるのであって、幸福の根源は信仰のみである。ああ！実にソン君の信仰と幸せはどんなに貴いことか。それゆえ、我々はただ信じなければならないのであり、信じることしかない。信仰のみが真の幸せだからである。幸せは外にあるのでなくて、常に心の中にある。結局感じるそのことである。何事も幸せに感じれば、それが即ち幸せである。しかし信じなければそのようにはならないのだから、幸せはあり得ない。然り、信じればいつも何事も幸せである。

（一九六〇・五、六、『聖書人生』第五四号）

私はどうしたらよいのだろう

今からほぼ二千年前のことである。ユダヤの国の山間僻地、小さな村ナザレの青年（大工の子で彼もやはり大工）イエスを、「主はキリスト（救世主）であり、生ける神の子」（マタイ一六・一六）と信じて三年間も彼に従いながら仕え、彼に学び、彼に依り頼んでいた十余人の群れがいた。それはペテロを筆頭とした漁師たちと、取税人のような無学無知の人間たちであった（後世になって彼らを使徒と呼ぶようになった）。彼らは当時ユダヤの国がローマの支配を受けることになった関係上、常にこのことを悲しみ嘆いたのだが、イエスが来られた以上はもう政治、経済、文化等々、全ての面で早いうちに独立国家として堂々と新しい出発をすることになるだろうと確信して、大きな理想と期待と野望を抱いていた。

ところがこれとは裏腹に、イエスはあんなにも弱くてみすぼらしく、文句一つ言えずに、神を冒涜したという罪名により、極悪刑の十字架に架けられてこの世を去ってしまったのだから、弟子たちの落胆失望はどれほどだっただろうか。それで魂の抜けた人のように、ただ呆然としてお互いを見つめる有様であった。

ああ！　ところがイエスが葬られてから三日目に、再び甦えられた。彼らの喜びと勇気は百倍した。そこで彼らは「主よ、イスラエルのために国を復興なさるのは、この時なのですか」（使徒行伝一・六）と問うのであった。しかしイエスは四十日後に彼らの前で昇天なさったのである。彼らはまたもや弱くなって、イエスを売ったイスカリオテのユダの代わりに、マッテヤを迎え入れて自分たちのグループを強化する愚かな芝居までしたのである。

おお！　ところが今度は彼らに聖霊（神の力）が満ちあふれるように臨み、彼らに知恵と勇気と権能が与えられるや、彼らは新しい人間になって、新しい希望を抱いて神の真理と福音を宣べ伝え、同族の不信と罪を力強く指摘し糾明した。そこで彼らの勇敢な態度と私心のない真理の言葉を聞いた者の中で、良心のある者たちは、「強く心を刺され、ペテロやほかの使徒たちに、『兄弟たちよ、わたしたちは、どうしたらよいのでしょうか』」（使徒行伝二章参照）と聞くのであった。その後多くの人たちが悔い改め、主の前に額《ぬか》づいたのであった。

このようにして、信じる者の数がますます増え、結局教会が建ち、キリスト教が発展したのである。ところが、それこそ天佑神助により、神の限りなき恵みと権能によって、我々の祖国は、それこそ真理と正義を活かすことのできる千載一遇の好機を迎えた。それでは我々は、否、私はどうしたらよいのだろうという感慨が胸に込み上げてきたのである。しかし、我々は先ず、悔い改めよう。そして十字架に架けられたイエス様にのみ依り頼み、つき従おう！

一九六〇・五、一三

（一九六〇・八、『聖書人生』第五五号）

信じる者は祈る

主イエス・キリストにあって愛する読者たちよ！　あなた方、私の兄弟姉妹たちは、お祈りをしているでしょうか。韓国のキリスト者たちよ！　あなた方が誰であろうと、地位と学識と貧富とその他あらゆる環境と事情と境遇とを問うことなく、もしも信じるならば、キリスト信者であるならば、当然祈るはずであり、祈らざるを得ないことだと私は信じて疑いません。混迷した世の中だと言います。人生は複雑だと言います。多事多難であると言います。勿論それは事実です。誰がそのことを否定し得ましょうか。しかし人生とは元々がそういうものであるでしょうか。違います、そうではありません。決してそんなはずはないのです。

人類は神が創造されたし、世界万物もまた同じです。森羅万象一切を神が創造されたし、今も治めておられます。だから何一つ不足や間違いがあるはずがありません。なぜならば、太初に天地（宇宙万物）を創造された神は、全知全能なる方であられます。全知全能なので、無所不能（註・できないことは無いということ）であることは言うまでもありません。神が全知全能で無所不能であられるということは、その方は永遠の生命であられ、真理であられ、また聖にして義（正義、公義、公正、無私）であられ、愛であられることを意味しています。それゆえ、このような神がどうして善を、否、否、最善を、最善のみを行われないでしょうか。ああ！　神は最善のみを行いたまいます。

ところで、その方はまさしく我々の父であられるのではないか。あなたはこのことをご存じでしょうか。そして信じているだろうか。我々の主イエス様は「あなた方は、心を騒がせないがよい。神を信じ、またわたしを信じなさい」（ヨハネ一四・一）と言われました。そうです。我々はイエスを信じるのだから、また神様を信じるのであり、信じるしかなく、信じざるを得ないのです。そうして、我々は信じさえすれば、心配することはなくなります。心に平安が臨むからです。また、我々の心の中に平安が臨みさえすれば、全ての問題は解決されるのであり、既に解決されたのです。

わが愛する読者よ！　あなた方はこの真理と事実をご存じでしょうか。そう。もちろん良く存じており、充分理解しておられることと思います。そうして、もしも私どもがこのことを知っているならば、また、信じるならば、我々はどんなに幸せなのかを察することができるでしょう。そうして、この真理と事実を信じることが真の信仰であります。キリスト教の信仰とはまさにこれであり、これのみです。それゆえ、これを信じる者、悟った者は嬉しくて、感謝でじっとしてはいられません。その満足を祈りで表わします。信じれば祈るようになり、祈らざるを得ません。イエス様はいつも祈られました。キリスト教は祈りの宗教です。信仰者は祈ります。

一九六〇・一一、八

（一九六〇・一〇、『聖書人生』第五六号）

私は不満の中で満足する

　これは一体何を言おうとしているのか。まず題目からして謎である。矛盾というよりは嘘だと考えても無理ではなく、返す言葉がない。ましてや、わが主イエス様は次のように仰せられたことがあるではないか。「あなたがたの言葉は、ただ、しかり、しかり、否、否、であるべきだ。それ以上に出ることは、悪から来るのである」（マタイ五・三七）と。この御言葉は、「好きは好きと言い、嫌は嫌だと言うべきであって、好きなのか嫌いなのかをはっきりせず、まごまごして、不透明、不徹底な言葉や態度をとってはいけない。それは悪人がすることだからである」という意味の御言葉ではないかと思われる。

　世の中には中間派、灰色分子なるものがいる。あたかも蝙蝠《こうもり》のように信者を装い、不信者を装い、与党を装い、宗教家ぶり、政治家ぶり、共産主義者のようでもあり、民主主義者のようでもあり、とうていその正体がつかめない人がいるが、これは最もいけない事である。態度は鮮明でなければならず、可か否かはっきりして鮮明でなければならない。何事にも徹底しなければならないのである。

　ところで、一体「不満の中で満足する」とはどういう意味で、何を意味しているのだろう。この言葉は不満しかない環境の中にあって、あるいは境遇にあって、その全てのことを我慢して耐えながら、むしろ満足するという意味ではなくて、実は本当に不満を抱いていながら、事あるごとに苦痛と悲哀を感じつつも、しかし一方では満足することを言うのだ。

　では、何が不満なのか。友よ、聞かないでくれ。私が、否、君がどうして不満を持たずにいられようか。国と民族のありさまを見よ。政府も、国会も、裁判所も。それだけだろうか。違う。お役所も、会社も、学校も、工場も、都市はもちろんのこと、農村でも。ああ！　何か一つでも満足できるものがあるのか。そうだ、わが家庭も、お隣も、地元もまたそのとおりである。

　しかし、それ以上に実は、私は私自身に最も強い不満を感じる。あまりにも足りないところが多く、あまりにも罪人なので！　それ故、どうしてこの潔くなく悪い偽りの私を語ることができようか。ああ！　私はいくら考えても、滅びるしかない地獄の子である。だから、どうしてこんな存在になってしまったのか、不満を抱かずにいられない。私の不満は並大抵のものではない。不満の塊なのだ。

　しかし違う。私は満足する。本当に満足である。いつ、どこでどんなことに関わろうと、私は満足する。満足せざるを得ず、満足するしかない。一切が全て満足だけである。

　兄弟よ、問わなくても分かるであろう。このような世の中で、環境で、特に私のような者を神は独り子イエス・キリストを私の代わりに、私の罪の贖いとして十字架に釘づけられ、その功とその代価によって義とされ、完全に救い、永遠の生命まで下さったのだから、どうして満足しないでいられようか。問題は解決がついた。十字架のゆえに、不満がそのまま私の満足となるのである。ハレルヤ！

一九六〇・一一・二五

（一九六〇・一二、『聖書人生』第五七号）

律法か、信仰か

私がこんなことを言うのは何を今さらといわれるかもしれないが、そうでもない。なぜならば、未だに律法と信仰を混同したり同一視する人が多いからである。

わが集会では、各自の生きざまを反省し、検討することがある。ところが、ある日曜日に礼拝を終えてから、集会員の中で最もご年配の姉妹の一人が「十一租（収入の十分の一を献げること）を実践することは、経済生活の最も正しい基礎を築くことになるのだ」と言われたことがある。この方はいつもこれを主張なさるのだが、それは決してなんら根拠のないことでなく、六十余年の一生を通じての信仰体験から得た深い信念の表れであるので、いたずらな教理の固執や漠然とした理論でないことはもちろんである。

私は今までこの方を尊敬し、その信仰を少しも疑わないながらも、この考え方だけは否定し、反対して来たのである。なぜならば、十分の一税を云々することは、あたかも律法を主張し自己自慢するパリサイ人のように感じられるからであった。

総じて、信じる者には自分の物（私有物）などはあるはずがないのだ。だから十一租云々は律法主義への退歩か、さもなければ不信でなければ何なのかというのが私の考えであり、主張であった。だから私は、それは信仰生活の逆行だとまで強調してきた。

ところが、この度私はその方の深刻で真実な、そして厳粛なお言葉と態度に対して、頭ごなしに律法とか不信とかいう、浅薄で軽率な烙印を押すことに躊躇させられた。なぜならば一体信仰とは何か、誰があえて信仰の定義を下すことができ、また、他人の信仰をどうしてみだりに評価することができるだろうか。ましてや母胎の時から選ばれ、生まれると同時に召されて、六十余年の生涯をただひたすらに信仰ひと筋に全心全力を尽くしてこられたその方の確固不動たる魂の叫びに対して、私があえてああだこうだと口を挟む何らの理由も根拠もないのである。もちろんそのような権利が私にあるはずは決してない。

それだけではなく、信仰に一定した規定や形式があるのではない。そして信仰は決して固執や打算ではなく、ただ単純な心で純粋な考えから、あれもこれも憚り躊躇することなく、あらん限りただ信じることである。何らの理由も条件もなく、意図的に加減などせず、ただ信じるままに生きること、実践すること、それが即ち真なる信仰であり、信仰のみの信仰なのである。だから、誰があえてこの方の信仰を律法主義と文句をつけられようか。我々は決して福音を律法化してはならない。また他人の信仰を批判してもいけない。各自が信仰のままに生きるのみである。

一九六〇・一一・五

（一九六〇・一二、『聖書人生』第五七号）

これでよいのだ！

どういうわけか、神様は悪人に対しても空気と日光と雨を降らせて下さる。ところが、それにもかかわらず、人間は、比較的心が優しくて従順で正直な人や、はては獣にまでも、悪と不義と偽りによって対するのだから、まことに悲しくて不幸なことである。それゆえ我々は、人生を生きるにおいて決して人を相手にすべきではなく、ひたすら神様だけを相手に生きなければならず、ただそのように生きていくのみである。そうしてこそ間違いがないからである。

それではどうすることが神を相手にすることなのか。否、神は我々に何を求めておられるのか。まず我々はそのことを知らなければならない。もちろん、神学や哲学、または科学、文学等々の学問ではなく、その他何かの知恵や芸術や技術のようなものでもない。ましてやこの世の地位や権勢や、はたまた財産などを通して為すことでもない。そんなに苦労する難しい事ではない。それでは何だろうか。

神を相手にすること、神が我々に要求されること、それはまことに簡単で易しいことである。誰でも、否、むしろ能力不足の者、知恵おくれ、無学な者、貧しい者、身障者、または病床で呻吟し、獄中で嘆息している最も不幸な者、この世で誰からも認められることなく、蔑視と賎しめと侮辱と非難と、嘲弄される者でこそできることなのである。それではそれは一体何なのか。何か特別なものではない。自分の正体を知るということ、ただそれだけである。自分の正体、人間の正体とは何かということである。それは、人間は罪人だということである。自分自らは、何事も、少しもできない、弱くて足りない者であり、無知無能な者であることを悟ることである。

それは放蕩息子が父親のところに帰っていく心ざまである。自分の過ちと不義を深く悟り、いつでも受け入れようと、全てを準備して待っておられる父の御胸に帰っていくこと、これを悔い改めと言い、または懺悔とも言い、あるいは従順とも言う。

自分の咎《とが》を知らないのが人間である。それ故、自分の不足と過ちを切実に悟ること、即ち、罪認識だけが新生の真の暮らしの道であり、方法であり、また中枢なのである。これは神の権能と恵みによって成る聖霊の御働きによってのみ許されるものなのだが、人間の側としてはこれをただ信仰によって受け入れればよいのである。それゆえ、「人生は信仰から、信仰は悔い改めから」と言うことができる。だから悔い改めの涙ほど貴いものはまたとない。

ところで、私は最近私の愛する者の眼から、自分の過ちを悟って悔悟の涙を流しているのを目撃して、本当に嬉しく感激した。そこで私はわれ知らず「これでよいのだ！」と叫んだのである。ああ！ 悔い改めの涙ならば！

一九六〇・一一・一一

（一九六〇・一二、『聖書人生』第五七号）

神は最善のみを為したもう

今は早朝二時半である。私が眼が醒めて時計を見た時は、まだ二時前であった。しかしどういうわけか、眠れないというよりは寝たままでいられず、起き上がって神の前に頭を垂れて感謝を捧げようとしたが、何の考えもなくただ「ああ！　神様は私に対して最善のみを為したもうのだ！」という思いが起き、われ知らず私の中に喜びが溢れてじっとしておれず、眼を開けてペンをとり書きとめてみる。

私はどう考えて見ても、あるいはどこから見ても罪人である。明らかに罪人である。然り、それも罪人の中の第一人者。パウロの言葉に従えば、罪人の頭（一テモテ一・一五）であるのだからどうしたらよいだろう。ところが神様はいつも私と共にいて下さるのだから、本当に不思議なことである。

私はイエス様が、「よいかたはただひとりだけである」（マタイ一九・一七）、または「神ひとりのほかによい者はいない」（マルコ一〇・一八、ルカ一八・一九）と言われた御言葉と、パウロが「神の善なる御旨」（ローマ一二・二、韓国語聖書より重訳）云々したのを聖書で学んだことがある。そして私自身も「神は当然善であられるに違いない」と漠然とこれまで思ってきたのは事実である。しかし、それは全てがどこまでも私の想像または推測に過ぎなかったのであり、実感とはどこまでも距離が遠かった。したがって、別に力にも慰めにもならなかったのが事実である。

しかし、今朝、突然「神は最善のみを為したもう」ということが私の実感であるだけでなく、固い信念になったような気がする。それゆえ、私にとってはいつでもどこでも如何なることにおいても、感謝と喜びと満足があるだけである。したがって万事が益となることは決して夢ではない。「召された者（即ち信じる者）たちには全てのことを通して益とされる」（ローマ八・二八）と言われた御言葉そのままが事実なのである。どんなに幸せなことか。

神は真《まこと》にして愛であり絶対者であられる。どうして信じる者を不幸にされるだろうか。考えられないことである。「神は最善のみを為したもう。」いつも、誰にも、どんなことにも！　神は常にあなたと私の救いのために労苦されるからである。

一九六一・一、一

（一九六一・一、『聖書人生』第五八号）

聖書、祈禱、信仰

信仰第一主義

キリスト教は聖書を通してのみ学ぶことができるし、知ることになる。聖書は神に向かって歩む道（通路）だからである。そしてまた、聖書は天国への道の案内書でもある。だから我々は何よりも先ず聖書を必ず読まねばならないし、また学ばなければならない。しかし私がイエスを信じ神との関係を正しくしようとするならば、聖書だけでは足りない。それはどこまでも道であり、案内書であるからである。もちろん、道がなければ、どうやって目的地まで行くことができ、案内書なしに道を探すことができようか。だから、聖書の価値と意義が大きいこと、貴重で必要なことを否定することはできない。

しかしながら信じることにおいて、聖書よりもより貴くて必要、緊急なものが他にある。それは祈禱である。神の前に跪いて頭を垂れ、目を閉じて心を整え静かに申し上げることである。罪を告白し、恩恵を感謝し、賛美を捧げる事である。祈禱こそは信じることの土台であり、信じる者の生命なのである。それゆえ祈禱のない信仰は全くあり得ない。だからといって祈禱だけで信じることができると考えるならば、それは大きな間違いである。なぜならば、聖書を読むことなしには真の祈りはできないからである。聖書を読み学んでこそ、真の祈り、生きた祈りを捧げることができるので、このことを言う。

このように聖書と祈禱は信じる者にはあたかも両腕、両脚のように絶対に必要であり、等しく必要である。聖書と祈禱なしには全く信仰を考えることすらできないくらい、なくてはならない要素なのである。

それくらい信仰のために、信じるために祈禱と聖書が必要なことは事実だが、信仰により聖書を読み、また祈りをしなければ、なんら用をなさない。言い換えれば、いくら熱心に祈り、聖書を一生懸命多読するとしても、信じなければそれこそ空念仏になり、視覚障害者が古建築の丹青（訳註・韓国の王宮・寺院などの木造建築の柱などにさまざまな文様を鮮やかな色で描くこと）を眺めるのと少しも違わないことである。

それゆえ、結局信じることにおいては、ああだこうだと言を弄するまでもなく、何よりも先《ま》ず緊急に必要で用をなすのは、信仰そのものである。信じることなくしてどうして聖書や祈りが必要で、また力になり得ようか。信仰はキリスト教のアルファであり、オメガなのである。だから私は聖書と祈禱と信仰は、キリスト教の頭脳と脊椎と心臓であると考える。パウロは信仰と希望と愛、この三つは常に重要だが、その中でも愛が第一だと言ったが、私は聖書と祈禱と信仰、この三つは常に重要だけれども、その中でも信仰が第一だと叫び、信仰至上を主張する。

（一九六四・三、『聖書人生』第六〇号）

『聖書信仰』とは何者か

『聖書信仰』は、キリスト教の経典である聖書が教える信仰を広めようとする、伝道を目的とする雑誌である。『聖書信仰』はその名の通り聖書が伝えてくれている信仰を語り、伝えることを理想かつ目標とする。それには当然、聖書の研究もすることになるし、聖書の知識も必要な時があるであろう。しかし、決してそういうことに重きを置かないつもりである。『聖書信仰』はどこまでも信仰中心、信仰本位であって、その他のことはできるだけ問題視しない考えである。

『聖書信仰』はどこまでも、聖書が伝え、教え、主張する純粋な福音、即ち信仰のみを伝えるものであって、他の宗教はもちろんのこと、哲学、科学、文学などの学問をおろそかにしたり、特に政治、経済、文化などの現実問題を排斥し、甚だしくは礼儀とか道徳とかいう良心問題までも度外視することがあるかも知れない。それは決して学問を無視するとか、現実に対して無関心だとか道徳が不必要だからではない。そういうつもりは全くない。むしろ逆に、人生に必要な全ての問題をより高く、深く、正しく、真に取り扱うために、万事において基礎になる聖書信仰を何よりも先ず取り扱おうとするので、やむを得ずそうするしかないのだ。言いかえれば、人生における信仰や現実をより根本的に解決しようとするので、何よりもまず聖書信仰を語り、伝えて生きるしかないのである。他に道や方法はないのだから、仕方のないことである。

それでは聖書信仰とはどういうものか。即ち、聖書が教え主張している〝信仰〟とはどういうものかを探ってみることにしよう。

『聖書』は旧約（三十九巻）と新約（二十七巻）が

同じ信仰を語っている。『聖書』は信仰を土台にしているだけでなく、初めから終わりまで信仰によって書かれている本である。言いかえれば、聖書は信仰によって始まり信仰によって終わる本である。つまるところ「聖書」は〝信仰〟のみの本であるからである。

『聖書』は天地創造を初めとして人類の救いの完成に至るまで、人生問題のあらゆる面を記録している。その中には歴史と地理、哲学と文学、政治と経済、預言と教訓、詩と歌、律法と道徳、愛と平和のようなものはもちろん、はなはだしくは罪悪即ち不義、不法、不正など、結局不信と反逆のような犯罪までも、驚くほど徹底して書かれているのである。しかし「聖書」は限りなく正直である。極めて純粋である。少しでも欺くとか隠すとかしていることは全くない。ありのまま事実のままに述べ、手加減することのないのが聖書の特徴であり、「聖書」の「聖書」たる理由と権威もその点にある。また聖書の理想と目標が、人類の救いであることは既に述べたとおりである。

ところで、人類の救いはただ信じてのみ可能であり、信仰によってのみ達成できるということを、聖書は始めから終わりまで力説し強調している徹頭徹尾「信仰」の本である。信仰の他には何も要らず、信仰なしには全てのことは不可能だということを、はっきりとあらゆる事実をもって明らかにしたのである。言いかえれば「聖書」は神と人との関係はただ信仰によってのみ成立するということを主張したのである。したがって、神は人に対してただ徹底して純粋な「信仰」のみを要求され、人は神に対して絶対的な信仰のみの「信仰」によって接するしかないということを明白に教えたのが「聖書」である。

それゆえ、聖書では「アブラハムは主を信じた。主はこれを彼の義と認められた……」（創世記一ではないか。

一九六四・七・一六早朝

（一九六四・七、『聖書信仰』第一号）

五）と言われたし、また「アブラハムは神を信じた。……それによって、その信仰が義と認められるのである」（ローマ四章）と記録した。そして「義人はその信仰によって生きる」と、旧約（ハバクク二・四）においても新約（ガラテヤ三・一一）においても叫んだのである。それのみか、イエス様は「あなたの信仰があなたを救った」（マタイ九・二二、マルコ五・三四、ルカ七・五〇）と言われただけでなく、「あなたがたの信仰どおり、あなたがたの身になるように」（マタイ九・二九）とまで言われたのである。

聖書はこんなにも「信仰」を主張し、要求し、教え、勧めたのである。それゆえ、どうして信仰なしに人生を語り、とりわけ救いを考えることができようか。だから『聖書信仰』は聖書の信仰を語り、考え、学び、伝えようと思う。したがって信仰に生き信仰に死のうというのが、つまるところ『聖書信仰』である。人生の最も重大かつ緊急なことは「聖書信仰」

神は愛である

イエス様は「父がわたしたちを愛されたように、わたしの愛のうちにいなさい。……わたしのいましめは、これである。わたしがあなたがたを愛したように、あなたがたも互いに愛し合いなさい」（ヨハネ一五・九〜一二）、また、「わたしは、新しい戒めをあなたがたに与える、互いに愛し合いなさい」（ヨハネ一三・三四）と言われた。使徒ヨハネも「その戒めというのは、神の子イエス・キリストの御名を信じ、わたしたちに命じられたように、互いに愛し合うべきことである」（一ヨハネ三・二三）と言った。

右の言葉を通じて、我々は既に神の愛を受けており、今もイエス様の愛のうちに生きているということがわかる。しかし、我々は果たして神の愛、主の愛を受けているだろうか。そしてその愛が何であるかを知っているだろうか。もしも知っているとするならば、当然我々は愛し合わなければならないはずである。しかし、我々ははたして愛し合っているだろうか。違う。愛しているどころか憎んでいるのである。それが神を知らない、または信じていないことに対する何よりも確かな証拠でなくて何だろうか。誰がこの事実を否定し得ようか。

ああ！　世の中はどうしてこんなにも世知辛くて冷たいのだろうか。それは愛がないからである。愛に飢えているからである。

おお！　愛。世の中には愛がない。少しもない。何故だろうか。愛にまします神に背き、離れたからである。世は神に不従順であるばかりでなく、むしろそのことを自慢し、それに満足しているのだからどうしようもない。

しかし聖書は「神は愛である」（一ヨハネ四・八〜一六）と宣言した。そうして使徒ヨハネは、愛であられる神がいかなる愛で、どのように我々を愛しておられるかについていろいろと語っている。「わたしたちが神の子と呼ばれるためには、どんなに大きな愛を父から賜ったことか、よく考えてみなさい。」（ヨハネ福音書三・一）、「神はそのひとり子を世につかわし、彼によってわたしたちを生きるようにして下さった。それによって、わたしたちに対する神の愛が明らかにされたのである。わたしたちが神を愛したのではなく、神がわたしたちを愛して下さって、御子をおつかわしになった。ここに愛がある。……神がこのように私たちを愛して下さったのであるから、わたしたちも互いに愛し合うべきである。」（ヨハネ四・一九）、「神はそのひとり子を賜ったほどに、この世を愛して下さった。それは御子を信じる者がひとりも滅びないで、永遠の生命を得るためである。」（ヨハネ三・一六）等々。

ああ！　神は愛なのだ。そして愛にましします神は我々人類をいつも愛したもう。すべてを愛にて働きたもう。人生を死より生命へ、滅亡より救いへ、地獄より天国へと導きたもう。そうだ。導かれるという程度でなく追い込みたもうのだ。ところが使徒パウロは愛とは如何《いか》なるものであるかを次のように語った。

「愛は寛容であり、愛は情深い。また、ねたむことをしない。愛は高ぶらない、誇らない、不作法をしない、自分の利益を求めない、いらだたない、恨みを抱かない。不義を喜ばないで真理を喜ぶ。そして、すべてを忍び、すべてを信じ、すべてを望み、すべてを耐える。愛はいつまでも絶えることがない。しかし、預言は廃れ、異言はやみ、知識は廃れるであろう」（一コリント一三・七～八）と述べたし、また愛がなければすべては無用であると叫んだのである。

「たとえわたしが、人々の言葉や御使たちの事を語っても、もし愛がなければ、わたしは、やかましい鐘やさわがしい鐃鉢（註・椀型の金属二枚をすり合わせて音を出す楽器。旧約では「シハバル」と訳出）と同じである。たとえまた、わたしに預言をする力があり、あらゆる奥義とあらゆる知識とに通じたとしても、また、山を移すほどの強い信仰があっても、もし愛がなければ、わたしは無に等しい。たとえまた、わたしがじぶんの全財産を人に施しても、また、自分のからだを焼かれるために渡しても、もし愛がなければ、いっさいは無益である」（同一〜三節）とも言った。

我々は以上のさまざまな言葉を通じて、おぼろげながらも愛とは如何なるものであり、また、愛はどこから来たのであるかについて見当がつくような気がする。それゆえ我々は、勝手に理屈をつけてあれこれ考えまどって却って愛を曲解したり、または愛の根源である神を冒涜してはならない。

しかしながら、ただ我々の現実または周囲の（否、そういったことよりも私自身の）有様を探ってみるならば、あまりにも甚だしくかけ離れている状態にあることを知り、驚かざるをえない。私はいま政治や経済や社会を云々したくもないし、そういったことを論ずる余裕さえもない。ただ私自身の、または我々の霊的世界を思い、歎息するのみである。敢えて誰が誰を恨んだりとり沙汰できようか。結局は私に愛がないから家庭も社会も国家もこんな有様にしかならないのではないか。すべての人がお互い他人だけをなじり、責任転嫁に忙しく、自分自身を省みようとしないのだから、何事も正しくならないのではないか。ましてや聖書を読み、イエスを信じ神にお仕えするという、いわゆる信者とか教会とか言いながら、この様は尚更のことではなかろうか。

おお！　愛する兄弟たちよ、同胞たちよ！　今や私たちがなすべきことは、ただお互いに愛し合うこと以外、残っていることは何もないのだ。なのにただ愛、真の愛、神の愛がないので、我々は互いに殺し合い、お互いが地獄に向かっているのだ。だから滅ぶしかないのではないか。

だからヨハネは「……愛さない者は、死のうちにとどまっている」とか、「すべて兄弟を憎む者は人殺しであり、人殺しはすべて、そのうちに永遠のいのちをとどめてはいない」(一ヨハネ三・一四～一五)と言った。この言葉と愛は永遠の生命であり、救いであり、他人を生かし自分も生きることであるけれども、憎しみは死であり滅亡なので、他人を殺し自分も死ぬことだという意味を語っているのだと信じる。そうして憎しみには不平不満、怨みといさかい、呪いと悪徳があるのみであり、ただ愛にのみ喜び、感謝、満足、平安、そして平和、祝福、善意があるのである。

それでは、今我々はどうしたらよいか。神の愛を頂かなければならない。神の愛の結果であり証である主イエス・キリストの十字架を信じなければならない。そうしてのみ、我々の中に神の愛が充ち満ちて豊かになり、他人を生かし、また自分も生かすことができるからである。

愛する兄弟たちよ、同胞たちよ、我々は互いに愛し合おう。しかし、神の愛を知らなくて(頂かなくて)どうして愛することができようか。そうだ、今や我々(人類)の為すべきことはただ愛のみである。最も重要で緊急であり、最も要求されることは愛である。食料がなくて飢饉なのではなくて、愛(神の御言葉、真理、生命)の飢饉なのだ。我々は一日も早く時間を争ってお互いに愛し合わなくてはならない。とすれば、我々はお互いが愛し合うために結局神の愛を頂かなければならない。愛されることは神を信じることである。神を信じることは自分の十字架を負い、イエスの後に従うことである。結局お互いに愛し合うということは、お互いがそれぞれ他人のために十字架を負うことである。即ち、互いに奉仕し犠牲になることである。「人がその友のために自分の命を捨てること、これよりも大きな愛はない」（ヨハネ一五・一三）とイエス様が言われたとおりである。

そして、イエスの神が最も愛し大事にされた独り子イエス・キリストを十字架に架けて死なすことまでなさったのは、人類を罪から救わんがためであったのである。イエス様も滅亡するしかない、否、すでに地獄のどん底に落ちている私のような罪人のためにまでも、十字架を負われたのである。これが真の愛でなくて何だろうか。

ああ！　神は真の愛である。この事実のほかに人類が救われる希望はないし、罪人が生きる道はないのだ。今や我々は直ちに悔い改めてイエス様を信じ、その十字架に依り頼んで神に立ち帰るべきである。そうして神の愛を頂きながらその愛の中にのみ生きなければならない。神は愛である。信じさえすれば救われ、とこしえに生きるのである。「神を信じ、またわたしを信じなさい」（ヨハネ一四・一）と言われたイエス様の御言葉は真理であり道である。神は愛なので、心配は何もない。ただ信じて愛を頂くのみである。

（一九六四・八、『聖書信仰』第二号）

平和のための祈りを！

ソドムとゴモラが久しからずして滅亡するであろうという悲しいお告げを聞いたアブラハムは、耐えられなくて即時神に向かって哀願した。「ソドムとゴモラの滅亡をどうか中止して下さい」と縋ったのだった。アブラハムは条件付きで神に懇願した。「そこに義人が五十人いれば彼らのために赦して下さい」と祈った。アブラハムは義人が悪人と共に滅亡することはできませんと願い出たのである。むしろ義人のお陰で悪人が赦されるのは間違ったことではないし、あり得ることだと考えたのだった。

これこそは、正に神様の御心ではなかろうかと思ったのである。そこで神はアブラハムの懇請を聞いてやろうと思われたのだった。ところが不幸にもソドムとゴモラには、たった一人の義人もいなかったので滅亡したのだった。しかし神は善良で信仰深いアブラハムのために、彼の甥のロトの家族を救ってやったのだった。天使の手により連れ出されたロトの妻は、人情と財産に対する未練と愛着を捨てきれず、後ろを振り向いたために塩の柱になってしまった。（創世記一八～一九章）

ところで、最近の世界の情勢は大変緊迫して、第三次大戦が起こりそうな気がする。すでに起こっているのかも知れない。それでは我々信じる者は何をどうすべきだろうか。非戦論を叫び平和運動を展開するのも良いことだし、その他にも我々のなすべきことは多い。いくらでもある。

しかし、信じる者だけができる、また、しなければならないことは、多くはない。はっきりした唯一のことがある。それはただ祈禱、それだけである。今はアブラハムのように、真実で懇切な、信仰と愛にあふれた我々の祈りが要請される時であると、信じるのである。

　時は急迫している。目覚めよ。立ち上がれ。祈ろう。このことによってのみ、我々は真の意味の二十世紀の十字軍になれると確信するのである。そうだ。我々は無条件に神にお縋りせねばならない。アブラハムは条件付きで祈った。「五十人、四十人、三十人、二十人、十人の義人がいたら赦して下さい」と。しかし、ソドムとゴモラにはたった十人の義人もいなくて滅亡した。

　しかし今我々は、条件付きのお祈りができなくなってしまった。それは今日においてはたった一人の義人もいなくなって久しいからである。それゆえ我々は、恩恵の陽光を善人と共に不義なる人にも等しく照らされ、愛の雨と平和の空気を義人と共に不義なる人にも赦される慈しみの神に向かって、ヤコブのように鉄面皮になって、廉恥をものともせず、腿の関節が折れ生命が絶えることがあっても、十字架に架かられたイエス様に依り頼んで、努めてお祈りしよう。懇ねんごろに哀願しよう。

　世界の平和のために祈ろう。第三次大戦が起こらないように懇願しよう。原子爆弾、水素爆弾などの核兵器がどんなに恐ろしいものか。聞くだけでも震えおののくではないか。しかし祈禱の力はより強いのだ。現実を怖れず、結果を疑うことなく、信じて祈ろう！

（一九六五・二、『聖書信仰』第八号、通巻九二号）

悔い改めのみが生きる道である

―私の小さな宣言―

聖書に出てくる言葉で言えば、放蕩息子・取税人・娼妓・異邦人などが先に悔い改めなければならないと言うだろうし、普通の言葉で言えば、窃盗・強盗・殺人者・姦淫者・詐欺師などがまず悔い改めるべきだと言うかも知れない。これは一般の常識であり当然な考えだと言えよう。

しかし、はたしてそうだろうか。彼らだけが悔い改めれば、世の万事は滑らかに運ぶだろうか。とんでもないことである。決してそうではない。事実は正反対のようである。考えて見ればわかることだと思う。

聖書を見れば、「バプテスマのヨハネがユダヤの荒野で『悔い改めよ』と叫んだところ、エルサレムとユダヤ全土とヨルダン附近一帯の人々が、続々とヨハネのところに出てきて、自分の罪を告白し、ヨルダン川でヨハネからバプテスマを受けた」云々と書かれているのは、一般大衆のことを言っているのである。ところが不思議にもバプテスマのヨハネは「パリサイ人やサドカイ人が大勢バプテスマを受けようとして来たのを見て、彼らに言った、『蝮の子らよ』云々」（マタイ三・五～七）と。これは何故だろうか。ここで我々は「続々」と「大勢」という言葉に注意すべきだと思う。

とにかく、一般民衆はほとんど皆洗礼者ヨハネに、各々自分たちの罪を告白して洗礼を受けたのである。しかし、パリサイ人やサドカイ人は大部分（もちろん例外もあっただろうけれども）ヨハネの洗礼を受ける必要さえ感じなかったのではなかろうか。

もし彼らのそういった考えや態度が当然なことで、

理にかなっているとするならば、ヨハネの叫びは間違っているか、あるいは空しいことではなかろうか。しかし決してそんなことはなかった。もちろん一般民衆も悔い改めなければならず、それが当然で必要なことであることは論をまたないことである。

そうではあるけれども、実際において誰よりも先ず、そして必ず悔い改めるべきは、民衆よりはパリサイ人やサドカイ人であることはゆるがない事実である。何故ならば、民衆に対しては自他共に罪を認め、したがって悔い改めの必要を説いているわけだが、いわゆる宗教家とか指導者とかの部類に対しては、自他共に彼らは既に悔い改めたことになっているか、または悔い改める必要さえもない者として扱われているのが、いつもどこでも見られる通例のようである。

それゆえ、民衆は悔い改めの必要も感じ、または悔い改める機会もあるけれども、宗教家や指導者という群像はすでに悔い改める必要がないほど、論ずるまでもなく、それほどに神々しいか、偉大な存在と思われ、かえって神の座（即ち審判者の座）を占めている、それほどまでに偽りと驕慢によって満たされているからである。そういうわけだから、彼らこそは「蝮の子ら」であり、またイエス様が何度もお叱りになられたように「禍なるかな、偽善者」たちだからである。

それゆえに誰よりも真っ先に悔い改めるべき者は、またそれだけ誰よりも罪の大きく多い者は、言うまでもなくパリサイ人とサドカイ人なのだから、恐るべきことである。ところが彼ら自身は、悔い改めはおろか、かえって洗礼者ヨハネを蔑視するかあるいは虐待したし、ましてやイエスに対しては、言うまでもなく、十字架につけたのは彼らであった。

しかしこれは、昔話やユダヤの国に限ったこととしてのみ考えることはできない。現代、わけても我々の現実はどうか。二千年前のイエス様の当時と何が違うと言えようか。そうではない。むしろひどくなっているのをどうすべきか。韓国人は皆こんなことを言う。「韓国人は根本的（あるいは本質的）に良くない」とか「わが国の民族性が良くない」とか。そんなことを言いながら、お互いに恨み合い非難し合っている。しかし一体誰が誰を恨み非難しえようか。お互いに連帯責任があるのだから、共同で責任を負うべきではないだろうか。

しかしながら、もっと考えを突き詰めてみよう。いったいこの民族がこのようにそれこそ「蝮の子ら」になってしまったのは、誰の罪がより大きく、より多いのかと私は考え、また語る。わが国がこんなにまで滅亡のどん底でもがき、地獄よりもひどい修羅場の中で喚きたてねばならなくなったのは、明らかに宗教家、教育者、政治家などのいわゆる指導者とかいう者たちの驕慢と偽りと不義によって、このような汚い様相になったのであり、そうしてますます惨めな世の中になりつつあるのだと。辞退することもなければ、躊躇することもない。我々は今や最後の土壇場にまで至っているからである。しかし、我々は、何としてでも生きなければならない。救われなくてはならない。そのことがいかに重大で緊急なことだろうか。そうだ、わが民族は悔い改めてこそ生きられるのだ。さもなければ、滅亡するしかないだろうから。いや、実はもう既に滅亡の穴に墜ちてしまっているのではないか。最後の瞬間が迫りつつあるのかも知れない。最後の鐘が鳴る前に、我々は皆罪を告白して悔い改めよう。そうしてこそ生きる道は開かれるはずだし、また、そうすれば必ずや赦されるであろうことを確信する。我々は悔い改めねばならない。

私は再び叫ぶ。「大韓民国のすべての民よ、悔い改めよう。今ただちに悔い改めよう」と。わけても霊的世界をみだりに揺さぶっている主教、神父、監督、牧師、長老、伝道者、教師らは、誰よりもまず先がけて、悔い改めよ！　そして為政者と政治家たちは、謙遜に悔い改めることに模範を示す者になれ。そうすれば必ずや国家と民族全体が太平に生きることができるようになり、きっと救われるであろう。私は私自身の悔い改めの必要を痛感しつつ、我が国は悔い改め以外には絶対に、永遠に、生きる道も救いもないことを信じて、ここにこれを宣言するのである。

一九六四・二・二七・早天

（私は最初「誰が先に悔い改めるべきか」という題目でこの文を書いたのだった。しかし今考えられることは、そういった順序や手続きではなくて、悔い改めは緊急である。「誰が先」などと言っている時ではないように思えてならない。巷では旱魃が続いているとのことで、大騒ぎである。それゆえに、なおさらのこと悔い改めが緊急である。悔い改めは欲と虚偽と憎しみを捨てなければならないからである。）

（一九六五・六、『聖書信仰』第一〇号）

キリストは生命でいます

キリストを信じると言う。信じることは服従であるとも言う。真の服従、絶対服従、完全な服従、これは息子も娘も、弟子も友達も、もちろん秘書も妻もできないことである。ただ奴隷だけができることである。僕《しもべ》だけができることである。僕には人格も自由もない。そこでパウロは「わたしはイエスの弟子」と言わず、「わたしはイエスの僕」だと言ったのである。

この世のすべてのことは相対的である。しかし、ただ人と神との関係だけは絶対的なことである。したがって、キリストを信じることは絶対的なことである。言いかえれば最後のことである。取り返すことのできないことである。しかし弱き人間が、罪深いこの私が、どうしてこれをやり遂げることができよう。

それゆえ信じるということは、この私が、人間がすることではなくて、神が（全能者自身が）されることである。即ち、赦し、導かれ、成就したもうことである。それゆえ人間はこのことに干渉することもできないし、してはいけないことでもある。結局これはわが事ではないし、わが意でできることでもないからである。それは、キリストは生命であられるので、彼自身がわが内に生きてくださること、その生命がわが生であり、わが生命なのである。それゆえ、キリストはわが理想とか目標ではない。キリストを信じるということはわが理想、わが目標を云々する、そういう生ぬるくて不徹底なことではない。要は人間の喜びとか平安とか満足などのためではない。決してそういったことではない。

「生きるのは（ただ）キリスト（イエス）」のみである。それゆえ、死もキリストのためにあるのであるから、これまた有益である。この生命をわが力、わが知恵、わが努力によってどうして獲得できようか。そうしようとする者はいったい誰か。はたして可能だと思っているのか。愚かな者よ、事業とは何か。止めよ愛国、民族愛。キリストなしの、神を離れて為す事とはすべて罪であるのだ。死であり滅亡である。

人よ、君も我も信じるといって騒がずに、まず自分自身に死ね。理想も目標も捨てよ。ましてや自分の幸せなど捨てよ。そうだ。キリストが、否、キリストのみが君の内に、そして、わが内に生きてくださればそれで足りるのだ。キリストが生きてくださらねばならない。それで万事尽きるのではないか。教会とか家庭とか、国家とか民族とか、そして事業とか政治とか、経済とか文化とかいって騒ぎ立てる間は、それら自体永遠に成立しないのだ。否、かえって滅亡がおし迫り、破滅があるばかりではないのか。しかし、キリストが生きてくだされば、キリストさえ生きてくだされば、一切は正しく運び、完成、成就する。

おお！　主よ、わが救い主、わが父、わが神よ！　私を、この罪人をお受け下さいませ。私を完全に死なしめて下さいませ！　そうして、ただ主イエス様のみが、私の内で生きて下さいませ。アーメン。ハレルヤ！　（人よ、私を苦しめないでくれ。ただ主イエスの十字架のみを信ぜしめよ。私の誇りは十字架しかないのだから。）

（一九六五・一一、『聖書信仰』第一四号、通巻九八号）

共産主義に打ち勝つ唯一の方法

共産主義は無神論であり、唯物主義である。それゆえ、キリスト教とは全く正反対である。結局共産主義こそはキリスト教最大の敵であり、第一の強敵である。したがって、キリスト教は共産主義に完全に打ち勝つまでは、完成も勝利もできないことになる。それゆえ、キリスト教は、いかにしてでも一日も早く共産主義に勝たねばならず、撲滅しなければならない。実は共産主義こそは人類の罪の最たるものなのである。

人間は罪のために神と遠くなったばかりでなく、神の敵になったのである。それゆえに人間は罪から抜け出る力がない。不可能なことである。これは唯一神のみが、それも神の愛のみができることである。神の愛の結晶こそは正にイエス・キリストの十字架なのである。イエス・キリストの十字架こそは神が人類の罪を赦され、罪より救われる唯一の方法である。イエスの十字架、即ち、神の愛の他には人類の罪をこの世から追い出す方法はほかにない。しかし、イエス様は「敵を愛せよ」と言われた。愛のみが敵に打ち勝つことができるからである。それゆえに共産主義を克服してあまりある力は、やはり愛のみである。愛がなければ、共産主義をこの世から追い出すことは永遠にないだろうと信じる。

そして最高の愛、絶対の愛は生命を与えることである。それが十字架ではないか。「キリスト教は敵を愛し、敵に殺されてのみ、敵を救うことができる」(『聖書の日本』第三五四号、三ページ)と言われた政池先生のお言葉のとおり、我々は刀や銃をもってしては絶対に、永遠に、罪の中の罪、悪の中の悪である共産主義に打ち勝つことも退けることもできない。すべての敵はただ愛をもってのみ打ち勝つことができるように、共産主義に勝つために全く同じ原理と法則があるのみである。

イエス様は敵（罪人）を愛され、その罪の代償が身代わりになって十字架で血を流され、生命を捨てることによってこの世に勝たれたのである（ヨハネ一六・三三）。それと全く同じく、我々も最大最強の敵である共産主義者たち（共産主義でなくて共産主義を主張し、あるいはそれに加担した人たち）を愛し、あなたの生命を与えてでも共産主義に必ず打ち勝たなければならない。生命を奪われるまで愛する愛でなければ、共産主義に完全に、また永遠に勝つことは絶対にできないであろう。

共産主義は悪であり、憎しみであり、虚偽であることを誰が知らないことがあろうか。しかし我々は善と愛と真で対しなければならない。

「もしあなたの敵が飢えるなら、彼に食わせ、渇くなら、彼に飲ませなさい……、悪に負けてはいけない。かえって、善をもって悪に勝ちなさい。」（ローマ一二・二〇～二一）、「剣をとる者はみな、剣で滅びる。」（マタイ二六・五二）、「自分の命を得ている者はそれを失い、わたしのために自分の命を失っている者は、それを得るであろう。」（マタイ一〇・三九）。

（一九六五・五、『聖書信仰』第一九号、通巻一〇三号）

戦争よ、さらば！

人類の歴史の遺物の中で最も罪深いものは、何よりも戦争である。開化とか文化、文明とか近代化とか言うけれども、この地上に戦争が残っている間は、人間は決して大きなことを言うことはできないし、真正にして永遠なる自由が到来するはずもない。誰がなんと言おうと、人間どもが武器を捨ててお互いに握手を交わすまでは、真実の永遠なる幸福も平安もあり得ないのではなかろうか。戦争こそは罪悪中の罪悪であり、悪の中の悪でなくてなんだろうか。見よ！　憎しみ、殺人、盗み、その他すべての罪悪は戦争の中にあるのであって、戦争の為にあるのだ。貪欲、利己、不義、虚偽などの罪悪のゆえに、戦争は続けられているという事実を、知っているだろうか。実にもどかしく悲しいことである。

わが国が今、明らかに先進国の仲間入りができるほどに進歩、向上、発展しているのは事実であるような気がする。政治、経済、文化その他何一つ他の国に遅れをとらないようにも思える。しかしどうしたことか、キリスト教だけはまだ幼稚だというよりは、むしろ似て非なる状態なのではないかとの疑問を抱く。なぜならば、韓国のキリスト教は神中心でなくて人間本位、言いかえればイエス様の教訓とは全く別物、否、正反対であることを思う時、私は気が遠くなる思いがする。しかし私は今、全国家、全民族を相手にして言おうとしているのでは決してない。なぜならば、まずアメリカが戦争をしているではないか。しかし、アメリカでは、宗教的な反戦思想と良心的平和主義者たちが反戦活動と平和運動を活発にやっているではないか。では韓国のキリスト者たちは何をしているのだろう。韓国のキリスト教はまだ旧約の状態を脱け切れないでいる状態なのだから、なんと心細くて悲しいことか。私は「カイザルのものはカイザルに、神のものは神に返しなさい」と言われたイエス様の御言葉によって言っているだけである。私には男の子が五人いるが三人を軍隊に送り、国家に奉仕するようにした。末子は今軍隊に服務中である。上の二人は体が弱く病気があるので、兵役の名誉を得ることができなかっただけである。しかし、神は私の祈りを聞いて下さってか、三人が皆、医務中隊で患者たちのために務めていることを心から喜び、また深く感謝しているのである。このことは決して自己満足ではないことだと思う。

同胞よ、わけてもキリスト者たちよ、どうか政治と宗教を混同しないで欲しい！　もし私に戦場へ行けと言うならば、それが国家の要請であり、または政府の命令であるとするならば、私は喜んで出で立つ用意がある。しかし、私は決して銃は執らないであろう。衛生兵になるとかその他の如何なる苦役でも、それが他人への愛の奉仕であるならば、私は甘んじてそれを受け入れるであろう。そしてあたかもナイチンゲールのように同胞愛ばかりでなく、人類愛をもって友軍と共に敵軍までも等しく、彼らの生命を保護し、心を慰めながら傷を癒してあげるであろう。こうすることがはたして間違いであろうか。いや、どれだけ崇高なことか知れないのではないか。

聞くところによると、第一次世界大戦時のアメリカのクエーカーたちは、軍に召集された時服務はしても銃を執ることだけは拒否して、その他の如何なる苦役も少しも厭わず、軍人たちの面倒を見ることに献身したという。そして戦後になって、政府は彼らの熱心と誠意に対して、特に良心的であることを認め表彰したという。どんなに貴いことだろうか。

私は私の最も敵である共産主義の徒輩たちまでも許し愛するであろう。しかし、共産主義自体に対しては、即ち、共産主義思想に対しては生命をかけて無抵抗の抵抗によって最後まで闘うつもりである。戦争には極力反対し、世界平和に貢献することを深く心の中に誓い、そして心からこれを願う。したがってこのような方法によって、私は国家と民族のために力一杯奉仕したい。戦争が終わるまで、否、なくなるまで、共産主義の徒輩たちが降伏するまで、こういった意味で私は「戦争よさらば！」を叫びつつ、この度の降誕節を迎えたく思うのである。

韓国の教会よ、キリスト者たちよ、クリスマスの祝賀よりもまず、憎しみと利己心と偽りを捨てよう。これこそは正しいクリスマスのお祝いになるばかりでなく、神の要求であり喜びたもうことではなかろうか。そして、これが戦争をなくす近道であり、また秘訣でもあるのである。さあ、我々は今、戦争と決別しよう！

（一九六八・一、『聖書信愛』通巻一一九号）

信仰も成長しなくてはならぬ

信仰も成長するのであり、また成長しなくてはならない。世の全てのことと共に信仰も進歩、向上、発展するという意味である。これは真理であり、事実である。キリスト教の信仰も明らかに成長して今日に至ったものである。旧約から新約へと成長したのである。万物が（もちろん人間も）成長するように、信仰も成長するということを我々は知るべきである。このことを知ることは大変重要なことであるのだ。

人間は生まれながらに人間である。しかし「人間ことに生まれたからとて皆人間か？

真正の人間になってこそ人間なのだ！」という古の言葉があるように、幼児も人間ではあるが、それは未完成品である。だんだん育っていきながら、歩き、言葉を使い、大小便をわきまえるようになり、そして特に意志力、判断力、そして、はなはだしくは闘争力までもついてこそ、はじめて人間になるのである。

このようになるには少なくとも二十年はかかる。そこで人間が満二十歳になって初めて、いわゆる「成年」呼ばわりをされるのはこのためである。二十歳になってこそ初めて、国家に対する義務の一つである軍隊にも服務することになるし、国民としての最大の権利である選挙権も持つようになるのである。そうして結婚もまた、二十歳を過ぎてするのではないか。それればかりか未成年者は犯罪を犯してもこれを処罰しないけれども、これは、動物が過ちを犯しても処罰をしないのと似たような意味であると思う。

だとすれば、どうして信仰だけが（信仰も人間に関することなのに）成長しないものだと考えることができようか。もちろん信仰は神の賜物（恩恵の贈り物）であるには違いないことである（エペソ三・七～八）。それゆえ、神様御自ら聖霊を通じて働きたもう。したがって人間の力や知恵や努力、わけても欲心によってできることでは決してない。しかしだからといって、入信間もない人と数十年、または一生涯信仰を守ってきている人の信仰とが同じだと言うことができようか。そうではない。

その理由は、人間は足らない存在だからである。人間の全てがそうであるように、信仰も経験がなければならず、訓練と鍛練を受けて成長するのである。それ故、信仰は知的にすぐれているからできることではなく、心の中から溢れ出ることである。それ故に、信じるということは決して天才にのみ許されることではない。むしろ信仰は知的に鈍重だと言われている人の中に、より大いなる信仰、良い信仰の所有者をしばしば見ることがある。

そういうことなのに、我々は（特に教会では）誰か天才的な人が信じると言えば、（特に頭が多少優れているという人の場合は）もう既に信仰が完成しているかのように思うことは大きな間違いである。これはあたかも熟していない果物のように、お互いにどれだけ害になるかわからない。それゆえ、自他共に、信仰が育つように、神にお委ねしていかねばならない。

（一九六八・一、『聖書信愛』第九号、通巻一一九号）

愛のみが勝利する

イエス様は「わたしはすでに世に勝っている」（ヨハネ一六・三三）と言われた。これはイエス様が十字架を負われる前に仰せられた言葉である。そうだとすれば、この御言葉はなんと矛盾しているだろうか。なぜならば我々が皆知っているように、イエス様当時の十字架刑は、最も悪質な、最悪の犯罪者に対する極刑だったのである。それも動物以下の待遇を受ける、人間の最下級である奴隷などが受ける最悪の刑罰であった。それなのにイエス様はそのような十字架を負われたのだから、それはどんなにか不幸で悲惨なことだろうか。否、それよりもどんなに屈辱的なことだったことか。にもかかわらず、このような悲惨極まる人生の最後に当面したイエス様が、「わたしはすでに世に勝っている」と叫ばれたのだから、これがどんなにか愚かな事実誤認した言葉だろう。否、どんなに常軌を逸した言葉か知れない。それよりも、これはむしろ明らかに気の狂った人の言葉としか考えられないことではないか。そうだ、そのように認識しても当たり前だという気がする。

しかし、はたしてそうだろうか。私は静かにもう一度考えてみる。イエス様ははたして気が狂った人なのかと。あるいは愚か者なのかと。勿論そのどちらでもない。イエス様は明らかに神の独り子であられる。それも特別な意味において、彼のみが神の真の子なのである。したがって最も神の愛したもうた子であられる。

「これはわたしの愛する子、わたしの心にかなう者である。これに聞け」(マタイ一七・五、ルカ九・三五)と神が仰せられたこともあるし、イエス様も「父よ、それは、あなたがわたしのうちにおられ、わたしがあなたのうちにいるように、みんなの者が一つとなるためであります」(ヨハネ一七・二一～二二)と言われたように、イエス様は神と一つであられる方である。それ故イエス様は「万民の主」(ローマ一・一二)であられ、「全ての者の主」(使徒行伝一〇・三六)であられるのだから、結局イエス様は「栄光の主」(一コリント二・八)であられるのである。それよりもむしろ、イエス様こそは実は「真実なる方」(一ヨハネ五・二〇)であられ、「永遠にほむべき神」(ローマ九・五)なのである。誰がこの事実を反対または否定できようか。

ところで「神は愛であられる」(一ヨハネ四・八、一九)。そして愛は隣人のために生命を捧げる。否、それよりも敵のために生命を捨てる。イエス様は「敵を愛し、迫害する者のために祈れ」(マタイ五・四四)と教えておられるだけでなく、「人がその友のために自分の生命を捨てること、これよりも大きな愛はない」（ヨハネ一五・一三）と言われたのである。そこで実は「父よ、彼らをおゆるしください」（ルカ二三・三四）と、自分を十字架に釘づけにして死なせ、殺した者のために、十字架上で神に祈られた方がイエス様であられた。

言いかえれば、イエス様は敵に殺されながらも復讐はおろか、かえって敵が処罰され滅びることがないようにと祈られたのだから、これこそは真の愛でなくて何だろうか。これより大きな愛がどこにあり、これよりも真の愛はどこにあろうか。イエス様こそは確実に愛なる神であられる。イエス様はその大にことして真正なる愛によって世に勝たれたのである。ああ！　感謝すべきかな、イエス様の無限の愛よ。賛美すべきかなイエス様のいと高き栄光よ。ハレルヤ、アーメン、ハレルヤ！

愛する者たちよ！　あなた方は世に勝つことを願うか。それならば全ての敵になる人を愛しなさい。

愛のみが全てに勝つからである。

（一九六八・一〇、『聖書信愛』、通巻一二七号）

わが最も切なる願い

「われらの願いは統一、夢にも願いは統一、この生命捧げて統一……」という歌（訳註・南北朝鮮の統一を願う歌）がある。我々皆がこの歌を知っているように、わが国が八・一五解放後、想像だにしなかった、それこそ夢にも考えられなかった三十八度線を境に、国土の腰が切断されて、国は南北に分かれることになってしまい、国民は胸を焦こがしながらこの歌を唱い始めたのである。それがもはや何年も年を越したのだから、なんという不幸だろうか。不幸と口で言うけれども、このことがどんなに悲惨で過酷で無念なことなのかは想像を絶することである。実は韓国人の中でも、あの恐ろしい三十八度線を越えた経験のない人々、あるいは北朝鮮のあの悪政と暴政を経験しなかった人たち、わけても父母と子ども、夫と妻、兄と弟が涙をのんで別かれた後、十年が過ぎ、さらに何年経っても消息をさえ知ることができない、あの多くの以北の同胞たちと越南した避難民でなければ、この悲惨と残酷さを推測することなどできるだろうか。

いくら国際情勢とか、あるいは運命とか、はなはだしくは神の御意などと言うけれども、それは国家としては勿論、わけても人間としては最大最高の悲哀であり、不幸にほかならない。だから「われらの願いは統一、夢にも願いは統一、この生命捧げて統一……」と歌を唱う程度でなくて、実はその歌以上に統一は切迫した問題である。韓国においては、（もちろんドイツもベトナムもそうだけれども）祖国の分断によって苦痛と悲哀をなめている人には、統一の他に望みや願い、待たれていることは他にあり得ない。

しかし、私は必ずしも南韓の人だからとか、わが家族が拉致されたことがないからとかではない。もし私が共産主義というものを知らないならいざ知らず、私も六・二五を通じて共産主義者どもの悪辣なやり方を私なりに体験したつもりである。そうしてそれよりも、まず、解放直後、私は梧柳洞地区でいわゆる自治委員長の任に当たっていたので、共産主義者(実は共産主義思想も理念も知らない走狗たち)の跳梁によって、(言わば治安確保の責任者として)かなりの程度彼等に悩まされ、さまざまな迫害を受けたこともあったので、私は共産主義といえば身の毛がよだち、共産主義者と聞けば人間とは思えないくらい嫌で、怖くて、恨めしい思いを禁じ得ないでいる。とにかく韓国の京郷(訳註・ソウル地方)各地、津々浦々に至るまで、「人民委員会」なる看板を掲げなかった所はほとんどなかった。ただ、私の住んでいた梧柳洞の地域だけは「民議会」の看板に取りかえて、彼等と対決したように思う。

いやしくもキリスト者であるつもりの私としては、神はないという彼等を真っ向から理解することも、許容することもできなかったわけである。もしも私がキリスト者でなかったならば、少なくとも反共闘争の先頭を走らざるをえなかっただろうと思う。反共闘争こそは私の義務ないしは責任であるばかりでなく、私が授かったあるいは生まれつきの使命であっただろうと思う。明らかにキリスト者は反共を生涯の目標と定めなくてはならなかった。キリスト教は反共思想だからである。共産主義は神がないということを証明しようとしているならば、キリスト教は神が存在することを、生きていたもう神を証ししようとするからである。

一言で言って、とにかくキリスト教と共産主義は明らかにその在り方が正反対なのは事実である。それゆえ、国土の統一も至急で重要だけれども、それよりも共産主義者たちの毒牙と魔手から逃れることが何よりも緊急且つ必要である。そのために、我々は全能の神の御手が働かれることを祈り、望み、待つ。そうしてのみ、我々は共産主義に勝つこともでき、統一もかなない、幸福だけでなく結局世界の平和も一緒に成就できるのだから、どうしてこれが小事と言えよう。貴重なことである。そうしてこれがキリスト者たちの願いであり、また、私の言う「あなたと私の（区別の）ない一つの世界」を成就することになるのだから、他言を要さないではないか。

ああ！　それゆえに、私は何よりも先に最も願うことは、実は統一よりもその前に、生きていたもう神の全能の手が働かれることを願い、望み、待望する。切にお待ちしてやまない。

ところが、実は神の御手は二千年前に既に働きたもうたのである。イエス様の十字架が正にそれである。それゆえ人間はその事実を信じねばならず、信じさえすれば韓国の統一も、世界の平和もすぐ成就されるに違いない。否、今日にでも成就され完成されるはずである。それゆえに、要は信仰である。我々の為すべき最優先の任務は信じることである。それも本当に信じ、必ず信じなければならない。

今やわが韓国には世界で類のない多数の教会と信者がいると言う。実に恥ずかしいこと、寒心に堪えないことだけれども、私自身も信仰生活に入って満四十四年にもなり、その一人である。しかしながら、一体私はどれだけ、いかに信じたというのか。私は果たして敵を愛し、隣人をわが身のように愛しただろうか。私は全てを捨ててイエス様に従っているのか。心と、意志と身体と生命を尽くして神を愛したか、愛しているかを考える時、私自身顔を上げられないのだから、どうしよう。

だから、私はあえて、今でも神をイエス様を信じなければならないと言う。信じざるを得ないのである。人々はあざ笑うかも知れない。四十四年も信じていてそれが絵空事に過ぎないなら、更に四十四年を信じたところでどうにもならないのではないかと！

しかし、実は私が深く信じて神の前に堂々と立てるのでなくて、神の愛とイエス様の十字架の功によって神は私を受け入れられ、義とされて救われ、天国の民になって永遠の生命を享受しつつ、神の無限なる栄光に与らせていただいている事、その事実を、その愛を、その功を私は疑わない。これが信仰なのかどうか私は知らない。しかし私は知るも知らぬも、私はそのように信じて来た。今まで信じたし、今も信じ、これからも信じようと思う。

だから結論を言うなら、私はこの信仰を一生続けられるように、この信仰が変わらないように、この信仰をより固く確実に徹底し、倦まずたゆまず歩ませて下さいますようにと願い祈るのである。これがまさに私の最も切なる願いである。アーメン。

（一九六九・九、『聖書信愛』、第一三二号）

クリスマスと平和

私はまた、地上でクリスマスを迎えることになった。私としては今度が四十五回目のクリスマスである。私は今までいろいろな形で聖誕節を過ごして来た。しかし他人のように騒々しくて物々しく、物豊かに過ごしたことは一度もなかったと思う。そういった記憶は全くないのだから。

それだけでなく、私はそのことを少しも遺憾に思うとか不満や不幸だとは思わない。それはむしろ当然なことと考えるからである。イエス様が地上においでになる時はあまりにもみすぼらしかったが、それよりもイエス様の一生はあまりにも不幸であったし、イエス様の死はあまりにも悲惨ではなかったか。それなのにそのようなイエス様の降誕を、如何なる理由と意味で騒ぎ立てねばならないというのか。それは矛盾というよりは冒涜ではないか。

　イエス様は「わたしは世の光である」（ヨハネ八・一二、九・五）と言われたけれども、この世で誰か一人でもその光を正視して受け入れた者がいたか（ヨハネ一・五、三・一九）。イエス様は「わたしは道であり、真理であり、命である」（ヨハネ一四・六）と叫ばれたけれども、そのお言葉に、耳を傾けた者は今日に至るまで、古今東西において何人位あるのだろう。

　また、イエス様は「平和の王」であられるけれども、世の中は未だに戦争が熾烈をきわめ、イエス様は「敵を愛しなさい」（マタイ五・四四、ルカ六・二七）と教えられたばかりでなく、自ら敵の手に生命を委ねられ、彼らの手で釘打たれ十字架に架けられたまま、「父よ、彼らをおゆるしください」（ルカ二三・三四）と祈られながら、命を落とされたのである。にも拘かかわらず、いわゆるキリスト者という人の中にも敵を愛するのはおろか、お互い喰いつき、嫉み、憎み合っているのだから、一体これは何事なのか。

　それでは、今や我々はクリスマスをどのように迎えるべきか。まず、我々は東方の博士たちのように、伏してイエス様を敬拝しながら、心の扉を開いて信仰と愛と従順のプレゼントをどっさり捧げよう（マタイ二・一一）。そうして、荒野で羊の群れを守っていた羊飼いたちのように、天軍・天使と共に声高らかに「いと高きところでは、神に栄光があるように、地の上には、み心にかなう人々に平和があるように」と唱いながら、神に栄光を帰して感謝と賛美を捧げるべきだと思う（ルカ二・八〜二〇）。このようにしてのみ、我々は真実で聖なるクリスマスを正しくお迎えすることができるのだと思う。

　我々は地上に決して再び戦争がないように、平和の王をお迎えするため、心を整えて敵を愛し、隣人と和解しよう（詩篇四六・九、イザヤ二・四）。

（一九六九・一二、『聖書信愛』、第三〇号、通巻一四〇号）

無教会信者とは誰か

教会に行かない者ではない。また教会に反対したり排斥したり無視する者でもない。ましてや、礼拝や祈禱やその他信仰のために、なすことまでも疎かに思っている者でないことは言うまでもない。

無教会の信者は無教会の信仰を持つ者である。無教会の信仰は聖書以外の如何なる信条も憲法も規則もない。神以外、イエス以外の誰に対しても、信仰も尊敬も、はたまた畏れることもしない。礼拝と祈禱と賛美以外、いかなる儀式も形式もない。志（実は信仰）を共にする者たちが、一緒に集まって礼拝し、祈り、賛美する集い（集会）の他は、いかなる組織も制度も持たない。先に信じた者が、あるいは聖書を勉強した者が、聖書の言葉（真理）を教え、礼拝を導く師弟の関係、実は兄弟以外は何らの区別（わけても階級）も全くない。主イエス・キリストの内なる霊の交わり以外、如何なる社交もない。したがって親疎の別などあるはずがない。

それゆえ、無教会信者は誰でもなることができるし、どこでも存在し得る。それゆえ、もちろん教会の中に、無教会の信者はあり得るし、あるのも事実である。我々は教会の中にある牧師や長老や平信徒の中に、無教会の信者がいることを良く知っている。しかし、これはごく自然で当然なことであって、決しておかしなことでも驚くべきことでもない。ところで、このような信者が誰であり何人くらいいるのか私は知らない。実はいわゆる無教会信者と自ら称して、口先で「無教会信者」を名のる者たちが多いけれども（特に韓国に）、彼らのすべてが真の無教会信者でないことは勿論である。決してそんなものではない。おそらく彼らはそのように言い、考えることによって、自分を無教会信者と認めているようだが、それは大きな錯覚であり、間違いである。

結局、無教会信仰とは生きることである。真と善と愛に生きることである。なぜならば、神は真と善と愛にて在ますからである。一言で言って、無教会信者というのは真理に生きる者である。その理由はイエスが真理そのものであられたからである。それなのにどうして今も韓国の教会では、おしなべて教会の信者たちは、無教会と言えば、または無教会の信者と言えば、彼を白眼視するか毒蛇のように思うのはどういうわけだろうか。そこで、私は無教会の信者たちにお願いしたいことは（いつも集会で力説していることなのだが）、「決して教会を排斥したり、教会の信者たちを遠ざけてはならない」と言うことである。これは当たり前のことではないのか。

（一九七〇・七、『聖書信愛』第三六号、通巻一四六号）

神の知恵と人間の浅知恵

その昔エジプトの王パロは「見よ、イスラエルびとなるこの民は、我々にとって、あまりにも多く、また強すぎる。さあ、我々は、抜かりなく彼らを取り扱おう。彼らが多くなり、戦いの起るとき、敵に味方して、我々と戦い、ついにこの国から逃げ去ることのないようにしよう。」といって「彼らの上に監督をおき、重い労役をもって彼らを苦しめた。」という（出エジプト一・九、一、一四）。

それだけではない。エジプトの王は助産婦たちに命じて「ヘブルの女のために助産をするとき、産み台の上を見て、もし男の子ならばそれを殺し、女の子ならば生かしておきなさい。」と厳重に命令したのである。「しかし助産婦たちは神をおそれ、エジプトの王が彼らに命じたようにはせず、男の子を生かしておいた」。そこで神はその助産婦たちに恵みをほどこされた。即ち「助産婦は神をおそれたので神は彼女たちの家を栄えさせられた」のである。（出エジプト一・一六～一七・二〇～二一）

では、我々はここで何を学び取ることができるのだろうか。まずここで、堂々たる権力者エジプトの王と、卑賤な助産婦たちを見ることになる。次は王と助産婦たちの、神に対する態度をみる。我々は言うかも知れない。エジプトの王は神を知らなかったからこんなことをしたのだと。

しかし、私はそんな思いだけにとどまろうとはしない。もしそうだとした場合、我々現代の信仰者ははたしてどちらの側につくのだろう。信者たちは皆ヘブルの助産婦たちのように、何よりもまず神をおそれただろうか。違うのだ。決してそうではないのがこの世の現実ではないのか。大部分の信者たちは「抜かりなくしよう」と言って、人間の浅知恵により世の幸福を探しており、それに浸っていたのではないか。

一言で言って、現代人たちは信者と不信者を問わず、昔のエジプト王のように人間の知恵によって神に敵対し、挑戦しているのではないか。これは実に恐ろしいことであり、どれだけ罪深いことなのか、ただ身が震えてならない。

見よ！　神の知恵と人間の浅知恵を。エジプトの王がいくら知恵を絞ってあらゆる手段と方法でイスラエルの民を弾圧しても、神はヘブル人（レビ族）の中からモーセを起こしてイスラエルの民をエジプトの圧迫虐待と苦痛の中から救われたのである。そしてモーセを養育し教育したのは、よりによってほかならぬエジプトの王の娘だったのである。

現代人、特にキリスト者たちよ、わけてもあの数多い教会信者たちよ！　あなたたちはこれでも人間の知恵や浅い計りごとによってのみ生きようとするのか。目先ばかりを見ずに将来のことを考えて用心しよう。神に打ち勝てる者はないはずなのだから。

（一九七〇・一、『聖書信愛』第三一号、通巻一四一号）

真理は純粋である

私は、たまにでなく、しばしば、いや、いつもこんなことを言う。人生は一パーセントが問題なのだと。九十九パーセントの善、九十九パーセントの義、九十九パーセントの信仰、九十九パーセントの愛というけれども、残りの一パーセントが悪であり、不義であり、不信であり、憎しみであるならば、それは何にもならないと。虚しいことだと。しかしそれとは反対に、たとえ九十九パーセントの悪、九十九パーセントの不義、九十九パーセントの不信、九十九パーセントが憎しみのように見えても、一パーセントの善、一パーセントの義、一パーセントの信仰、一パーセントの愛があるならば、我々は神の至高の愛と無限大の恩寵の中に生きることができる。即ち、永遠の生命を与えられ、結局救われるのだと。このような、突飛なとてつもない話を私は口癖のように いつも繰り返すのである。

しかしこの話を聞く多くの人々、時に若者たち、そして、わけてもいわゆる信じるという人の中には、これに対して何か抗議や疑い、さもなければ不平不満を吐露する。それは無理からぬことであろう。私自身、永らくの間そうだったのだから。しかしながら、そういった抗議や疑いや、不平不満を言う前にもう一度考え直すべきである。これは決して悪を奨励するとか、善など必要でないとかを言っているのではない。この言葉の言おうとしていることは、人間は決して完全ではなく、また完全になれる存在でもないということである。もちろん人間には九十九パーセントの善や、義や、信仰や、愛などありえないばかりか、もしもあるとすれば、それは水を注いだ酒のように純粋でないことは決まっている。しかし人々は質よりは量を好み、それを願う。だから結局、もしも九十九パーセントがあると言っても、それは明らかに不純なものではなかろうか？　だから、百の不純物よりは一の純粋がより貴いというわけである。

然り、貴いものほど純粋でなければならない。善と、義と、信仰と、愛などがそうである。そして真理は元来純粋である。不純なる真理などありえない。キリスト教はただ真理であるといわねばならない。だからキリスト教は純粋でなければならず、純粋で非ざるをえない。

しかし現代のキリスト教、否、韓国のキリスト教を見よ。果たしてどれほど純粋性があるのかを。ある教会は大きいとか、盛況だとかいって羨ましがり、固唾《かたず》を飲むのはなぜなのか？　信仰をあたかも商売のように考えているのではなかろうか？

しかしキリスト教は決して商売ではない。したがって打算や利益を目標にしてはならない。たとえ小さくても、弱くても、ただ純粋さを保ち、守らなければならない。九十九パーセントを目指す前に、ただの一パーセントでも純信仰を神は我々に要求しておられるのだと私は信じる。最後まで純粋だけを守り保とうというのが無教会の信仰である。
（一九七一・六、『聖書信愛』四六号、通巻一五六号）

また一年を恩恵の中に

一九七二年！　新年が訪れた。否、新年になったのである。新しい年が来るのではなくて、新しい年になったのだからである。なぜならば歳月は自動的ではなくて受動的である。考えてみれば、実はこの世の中には自動的なものよりは受動的なものがずっと多い。いな、むしろ自動的なものは殆どないというよりは全くないと言った方が当たっているかもしれない。なぜならば、この世のあらゆるものは自れの意志によってではなく他からの意志によって存在し、活動し、生活するためである。

ところが、人々は世の中の事をただ人間の恣意により、ただ自分のやりたい意のままにできると思っているのだから、なんともやりきれない。そして、すべての不幸はこの間違った考えのために起こるからである。

しかし我々は、新しい年になったのではなくて、新しい年が来たのだと信じる。それはつまるところ、神様が私どもに新年を下さったという意味である。新しい年を私どもに許された神は、併せて、新年と共に全てのものを新しくされ、新しいものとして与えられたのである。

そこで新しい時が来たのだから、我々は新しく考え、決心し、行動しようというのではない。神様が新年と共に万事または万物を新しくされ、新しいものとして許されたのだから、新しい心、新しい生命、そして新しい信仰、新しい希望に溢れさせて下さり、我々もしくは私が生きるのでなくて、我々の内におられるキリストが、神が、結局聖霊がお許しにならされ、感化し感動させて下さって、ただ肉体はこの地上で生きているけれども、霊魂は明らかに天を生きられるようにして下さることを信じて、全てのことに於て我々に与えられた力と知恵と勇気により生きていくのみである。

そうであれば、我々の幸せは何ものにも比較できないし、何を以てしても表現できないのが事実である。だとすれば、我々にとって如何なる悲しみや落胆やあきらめなどがあろうか。限りない恵みと祝福と、それに加えるに、より至高なる愛を、独り子イエス様を十字架に架けてその宝血のいさおしによって、如何なる人もその事実を信じさえすれば救われて、永遠の生命に与らせていただけるのだから、また何をか言わんやである。ただ感謝と賛美があるのみであり、全ての喜びと一切の栄光は神に帰するしかないではないか。

一九七二年も「いと高きところには栄光、神にあれ、地には平和、御心に適う人にあれ」、アーメン、ホサナ、ハレルヤ！

（一九七二・一、『聖書信愛』五三号、通巻一六三号）

誰の足の甲に落ちた火を消そうか？

私は幼い時、「人間は自分の足の甲に落ちた火から、まず先に消すことをわきまえなければならない」と聞き教わった。私もそれを正しいことと思っていた。しかし時々母から（私は片親の膝下で育った）、「あなたは自分の足の甲の火を先ず消さずに、他人の足の甲の火から先に消そうとする傾向があって心配だ」と叱られた。「そんなことでは、貧乏暮しし かできない」とか「暮しが楽ではない」などの言葉を聞いたりもした。私はその言葉の意味をよく理解できなかった。おおよそ、人間であるならば自分の足の甲に落ちた火から先ず消すのは当たり前であり、ほとんど条件反射的に消すことになるのではないかと、私は考えた。したがって、私は自分の足の甲の火を先に消す人間なのだと、自らはそう思い込んできた。

しかし、七十歳になった今になって考えてみると、本当に私は自分の足の甲の火をまず先に消したのか、若干疑わしい気がするのはなぜだろう。もしも私が七十年の間自分の足の甲に落ちた火を先に消していたならば、今こんな状態の自分にはなっていないはずなのに……という感慨に至る。そこで今になって初めて、自分はどんなにか鈍くて愚かな者なんだろうと、少しは感じて悟ったような気がする。

私は若い時にある友人から「お前は憐れみ深い人間だと思いこんでいるのか。そうではない、要するにお前は愚か者なんだよ」という話を聞いたことがある。私は最初、その言葉を聞いた時は残念で恨めしい思いだった。しかし、その後よくよく考えてみると、また年をとって分別ができるようになり、さまざまな経験を積んでいくほど、この友人の言葉は確かに事実であるということを認めるようになった。そこで私はこの言葉をわが座右の銘のように考えて、いつも思い返しているのである。

しかし、私は今になってしみじみと思い返し、そして思う。私は私の足の甲の火も消せなかったばかりか、他人のそれはなおさらのこと、まともに消せなかった者であることが分かってきて、心寂しくてならない。そこで私は、今や「なぜ自分の足の甲の火を消せなかったのだろう」と悔やむよりは、むしろ「なぜ、他人の足の甲の火すらも消せなかったのか」と、そのことを本当に後悔して、じっとしていられない気持ちである。

私は今になって悟り、考えるようになった。世の中はこぞって、「自分の足の甲の火をまず消そう」と眼を赤くして躍起になっているが、ただ一人イエス様だけは、ひたすら他人の足の甲の火を消すために、生涯を、そして生命を捧げられた方ではないのかと。そこで私は、今からでもよいから、「どうか他人の足の甲の火を消す」ことに、残りの生涯と生命を捧げられるよう願っている。これこそは、イエス様の後に従う道だからである。

（一九七二・四、『聖書信愛』第五六号、通巻一六六号）

聖霊の洗礼と荒野の試み

イエス様の公生涯は、荒野の試みから始まったとみることができます（マタイ四・一～一一）。しかしそれよりも前に、イエス様はバプテスマのヨハネから洗礼を受けられました。そうして水から上がられた時、「神の聖霊が鳩のように」「自分の上に臨みたもう」のをご覧になられました（マタイ三・一三～一七）。ここで「ご覧になられた」という言葉は、「感じた」とか「悟った」という意味に解釈できると思います。そうです。イエス様はまず受洗もされましたが、実はそれよりもさらに大事なのは、その前に聖霊を授けられたことであります。聖霊を授かることができなければ、いくら洗礼を受けても何もならないのです。ですから、実はキリスト教で洗礼を重視するのは、この聖霊の洗礼を重視するからなのです。バプテスマのヨハネはイエス様を指して「聖霊と火によってあなた方に洗礼を授けてくださる方」（マタイ三・一一）と紹介させられましたが、まさにそのとおりであります。

イエスを信ずるには、まず「聖霊の洗礼」を受けなければなりません。ところで、「聖霊の洗礼」は人によって同じではありません。入信と共に「聖霊の洗礼」を同時に授かる人もいますし（しかしこのようなことはごく稀か少ないほうで）、信じ始めてから一年、二年、十年、二十年、あるいはそれよりもずっと後で「聖霊の洗礼」を授かる人もいます。ですから、皆同じように信じると言いますけれども、各自の心に差があるのはそのためなのです。もし、各々、人によって信仰が同じでないということを理解できなければ、そのこと自体が洗礼を授けられていない証拠であるか、あるいは聖霊の洗礼は受けても、聖霊の活動（聖霊が人の中に臨んで、人の力でなくて神の力によって働くこと）を分別できない人だろうと思います。このような人は聖霊の洗礼が確実でない人です。だからイエスを信じると言いましても、聖霊を授けられていないので、信じるということよりは人間の努力と苦労をする人がいるのは、このような理由からです（マタイ一二・四三～四、ルカ一一・二四～二六）。

とにかく、イエス様がバプテスマのヨハネから洗礼を授けられた時に「天が開けて神の霊が鳩のように降りて御自分の上に臨まれるのをご覧になられ、天より声があって、これはわたしの愛する子、わたしの心に適う者」（マタイ三・一六～一七）という神の御声をお聞きになられました。ここでイエス様は自分は「神の子」であり、また人類の救い主であることを自覚し確信しながら勇気を得られたのです。そこで「聖霊に導かれて悪魔の試みを受けるため荒野に行かれた」のでした。

マルコ福音書の記者は「聖霊がイエスを荒野に追い込んだので」（マルコ一・一二）と表現しているし、ルカの記者は「イエスが聖霊に満たされて……聖霊に導かれて」（ルカ四・一）と記録しました。「聖霊の充満」によってイエスが「聖霊の追い込み」を受けられたのは、当然であり、自然の成り行きではないでしょうか。

その後、イエス様は三つの試みを悪魔から受けられました。

第一、「これらの石がパンになるように命じたらどうだ」という、まずは経済的試みでした。確かに悪魔の知恵は本当にたいしたものだと言えます。人間として、経済（物質）なしには一日たりとも生きられないからです。

しかし、イエス様は間髪を入れずに「人はパンだけで生きるものではない。神の口から出る一つ一つの言葉で生きる」と答えられた。なんと驚くべき、そして痛快な答えでしょうか。勿論パンは必ずなくてはならないので、人々は悪魔の言葉にいつも負けるか、または誘惑に陥るのが普通ではありませんか。しかし霊なる神の子のイエス様は、神の真理の御言葉がより貴く緊急なることを知っておられるので、このように答えられたのでした。

イエス様はまた語られました。「だから思い悩んで、何を食べようか、何を飲もうか、何を着ようかと言って思いわずらうな。それらはみな異邦人たちが切に求めているものである。あなた方の天の父は、これらのものがみなあなた方に必要であることをご存じである。あなた方は何よりもまず、神の国と神の義を求めなさい。そうすれば、これらのものはみな加えて与えられる」（マタイ六・三一～三三）のだと。

もしも我々が、神の国とその義を求めるならば、必ずや神様は我々の衣食住をはじめとして日常生活に必要な全てのものを豊かに、あるいは程よく与えて下さるとイエス様は喝破されたのです。実際そのとおりだということを、悠久の人類の歴史が証明しているではありませんか。そこで昔の詩人（ダビデ？）も、「私が幼い時から老いるまで、義人（信ずる人）が見捨てられたり、その子孫が乞食をしたりするのを見たことがない」（詩篇三七・二五）と詠んだのはどんなにか適切な考えでしょうか。こういった事実は、現在においてもいくらでも我々が見聞きし体験していることではないでしょうか。

第二、「神殿の頂上から飛び降りなさい」という宗教的試みでした。そうです。第一の試みで多くの人々は（牧師や長老をはじめとして多くの信者たちが）落第するのですが、幸いかろうじて及第するといっても、二番目の試みではみごとに落第せざるをえません。

これはいわゆる奇跡を行うということです。この頃ありふれて行われていた奇事、奇跡、異言などがそれです。現代の文明を誇り科学時代だと騒ぎ立てながら、どういうわけか、いわゆる知性ある人たちがこれに惑わされて、何々牧師、誰それ長老などと言いながら、それにつき従っている有様は、本当に呆れてしまいます。

そんなことに惑わされなければどんなに良いことでしょう。これはつまるところ、神を試みることであります。そこでイエス様はきっぱりと「あなたがたの神を試みるな」と叱りつけたのでした。

第三、悪魔は「もしもわたしにひれ伏して拝むなら、これをみんなあなたに与えよう」と言いました。これは政治的誘惑ではありませんか。神よりもこの世の栄光を願うならば、まず「空中に勢力を持つ者」（エペソ二・二）に必ず頭を下げずには済まないはずです。どんなに悲惨なことでしょう。それこそ信仰の良心を持っている者ならば、とうてい耐えられないことです。

そこでイエス様はこれ以上耐えられなかったのでした。したがって少しもためらうことなく、「サタンよ退け！」と秋霜のような、否、晴天の霹靂のように激しく叱責されたのでした。きわめて当然なことではありませんか。しかし悲しくも、我々は誘惑に直面すると、いつもサタンの掌中に捕えられてしまうのですから、本当に情けないことです。ましてや、それが当然でごく自然なことのように満足し、かえってこれを自慢する有様ですから、また何をか言わんやです。

荒野のようなこの世であります。道は険しいです。また遠くもあります。飢え渇き、雨、風、寒さ、暑さに苦しめられるときも多くあります。そこで人は、信者までもお金も権力も、そして時には奇事と奇跡（甚だしくは迷信まで）を願望し、その前に跪いて生きようと、生かしてくれと哀願しがちであります。

そして、イエス様は荒野で誘惑されましたが、ただ天にいます全能者を父と信じて依り頼み、従順に従われました。これは「聖霊の洗礼」を受けられたからであり、そして、全ての誘惑を退けられ最後まで勝ち抜かれたのは、聖霊に満たされた証拠ではないでしょうか。

信ずる者は（あるいは信じようとするなら）何よりもまず、「聖霊の洗礼」が最も重要で緊急な事であります。それは、荒野のような人生において、絶え間なく迫ってくるあの恐ろしい諸々の誘惑に打ち勝ち、主とともに天国への道を歩まねばならないからなのです。

（一九七三・一、『聖書信愛』、六五号、通巻一七五号）

ああ！　私は惨めな人間です

「わたしはなんという惨めな人間なのだろう。誰が、この死の体から、わたしを救ってくれるだろうか」（ローマ七・二四）と使徒パウロは声を上げて叫んだ。人々は言う。「パウロはキリスト教の産婆だ」とか、あるいは「パウロがいなかったらキリスト教は成立しなかったかも知れない」、甚だしくは「イエスか、パウロか？」とまで言うとのことである。はたしてそうなのかどうか、私は知らない。

ただ神様はキリスト教またはイエスの生涯、彼の十字架と復活と再臨に対する全ての事実をより詳しく、確実に徹底して証しをし、説明し、伝え広めるため、イエス様が直接任命された十二の弟子がいるにもかかわらず、どうしてよりによってイエス様にことあるごとに文句をつけ、非難し、排斥し、冒涜し、反対したパリサイ人の中でももっとも躍起になってイエスを憎み、誹謗し、破壊しようと謀略を謀り凶計をめぐらした、あの恐ろしい青年パウロを捕えて使徒とされたのか、私にはわからない。

しかし、以下の事実だけは満天下に誰も否定できない。あたかも大空に太陽が厳然と照り輝いている事実以上に事実であることを、誰が否定できようか。

私は言いたい。パウロの「わたしは肉につける者であって、罪の下に売られた」（ローマ七・一四b）と言う言葉に続くあの悲惨な苦悩の声が、まさにパウロがパウロである証拠ではないかと。パウロは人知れず、否、他人にはない苦痛の中で苦悩したあげく、ローマ書七章二十二、二十三節を通過して二十四節の絶望に陥ったのである。

しかし、そこで人生の悪夢は終わり、パウロは永遠なる光の前にひれ伏して、新しい力、新しい生命の蘇りを経験したのである。二十五、二十六節の歓喜と感謝と希望に溢れて、生まれ変わった人生を生きることになったのである。パウロの罪、パウロの苦悶、したがってパウロの新生と無限なる希望は泉のごとく溢れ出たのである。そうだ、これがパウロの回心なのだ。

ところで、この至らぬ者、否、罪深き、それにも増して怠惰で悪しき僕の私もまた、ローマ書七章後半部（実は七章全体）、即ち十四節からの嘆息を数十年来繰り返したあげく、今かろうじて、「イエス・キリストによって、神は感謝すべきかな。このようにして、わたし自身は、心では神の律法に仕えているが、肉では罪の律法に仕えているのである」（ローマ七・二五）の意味を少しはわかるような状態になったことを告白しながら、改めて主の名によって父なる神に深く深く感謝しながらこの文を閉じたい。

一九七三・六・一九　正午に記す

（一九七三・六、『聖書信愛』七〇号、通巻一八〇号）

恩恵あふるる早暁の時間

一九七四年十二月十一日、曙の三時である。一昨日は遅く寝たので（十二時過ぎて）、昨日は早く（八時半頃）寝たところ、今日は少々早く起きてしまったが、もし私がこの世で最も嬉しくて気持ちのよいのはいつかと問われれば、それはおそらく早暁の時間を持つことではないだろうか。

ああ！ それは何んと貴くて美しい、そして、何かが充ち溢れた時間ではないかと思う。心が軽くさわやかで、嬉しくて感謝で満足感さえ覚える。世の万事が全てそうであるように、経験しないかぎり実感を持てないかも知れないし、それも一、二回の経験では真の味はわからないだろう。私の信仰の初期には二十一歳の春から起床は一定でなかった。夜中の一時とか二時とかの時にも、眼さえ醒めれば起きた。

その後も特別なことがなければ、私は早起きするので一度眼が覚めれば再び寝つけないのが癖になった。年老いてからはなおさらのことである。おそらく、私は一生のうち平均して早朝五時以後に起きたことはほとんどないような気がする。そう言えば人々はびっくりするかも知れない。早朝に何をするのだろうかと。しかし、実は何もすることはない。私は大変のろまで怠け者の人間である。早朝に起きれば、お祈りをするのがやっとである。だから、独りで、または二、三人で、時には四、五人で。しかし、たいていは誰かと二人で祈る場合が多い。最近は妻と一緒にするのが普通である。おそらく数十年も続けてきたように思う。よく分からないけれども、妻は、祈りを始めてから信仰が育っているような気がする。むしろ霊の目が開くようになったと言うほうが、事実に近いのかも知れない。

とにかく毎朝早暁に、鳩のように二人でお祈りをすることが日課のようになった。祈り終わると心温まり、喜びと、感謝と、希望にあふれる。私どもはこの時間自体を天国のように感じ、考える。それで・私はどんなこと、どんな環境、どんな場合にも祈ることさえできれば(それも静かで美しい、清くて神々しい早暁の時間であればなおさらのこと)それでよい。それ以上、また何を望もうか。

だから私は早暁は神の時間、昼は人間の時間、夜は悪魔の時間ではないかと考えている。そこで私は早暁には神と対話(まず感謝と賛美、次は父の命令と指示を仰ぎ、最後に祈願と懇求)を、そして、日中には任された仕事を、晩には熟睡する。睡眠は健康にも必要だというが、それよりも悪、不義、偽り、盗み等々、全ての悪魔のしわざを避けるために、どれだけ貴重な時間かわからない。私には不足も、不満も、不安もないのだから、ハレルヤ!

(一九七四・一二、『聖書信愛』通巻一九七号)

この恵み、この幸せ

イエス様は山上の垂訓で「幸いなるかな」を何度も繰り返して言われた。この御言葉は「幸せだ」という意味の言葉であるが、幸福は決して独りでになれるものではない。誰かが私のところへ運んで来てくれない限り、私はそれをつかむことはできない。では、誰が私に真の幸せをもたらすことができるだろうか。それが問題であり、そのことを知らねばならない。そうだ、人は誰でも幸せを求め、探し、願う。では誰が私に幸せをもたらすことができるだろうか。そんな人がいようはずがないではないか。だとしたら、もしも人間がない幸せを求めたり得ようとするならば、それ以上空しく愚かなことはないと言うべきだろう。

それでは、どうしたら良いかが問題になるだろう。

その場合は言うまでもなく幸せそのものであられる方に求め、探し、すがるしかないのではないか。そうだ、まさにそのとおりである。彼は万人に限りない幸せを代価なく誰にでも与え給う方である。その方は、我々を暗黒の罪の中から救い出し給い、光の中へ導いて下さるために、独り子イエス様を十字架にて死なせ給い、その血の贖いによって、何らの理由も条件もいさおしもなく、私たちを不義（罪）から救い、義とされて、父の懐に受け入れて下さったからである。この事実を指して、使徒パウロが「全ての人が罪を犯したため、神の栄光を受けられなくなっており、彼らは値なしに神の恵みにより、キリスト・イエスによる贖いによって義とされるのである」（ローマ三・二三〜二四）と言ったとおりである。この罪悪の世から救われたということは、暗黒から光に、死から生命へと移されたことなのだから、これより貴く幸せなことがどこにあるだろうか。こうして我々は代価なしに幸せを得たし探し当てたのである。それ故、パウロはこの事実を「神の恵み」だと言ったではないか（そうだ、このことははっきりと神の恩恵であるに間違いない）。それならば、我々が救われたことは、ただ祝福（幸せ）と恵み以外の何ものでもないのではないか。

だから賛美するのである。罪人に代価なく恩恵と幸せを限りなく下し給う神に対して、使徒ヨハネはこのことを指して「わたしたちすべての者は、その満ち満ちているものの中から受けて、めぐみにめぐみを加えられた」（ヨハネ一・一六）と叫んだのである。

ああ！　この幸せ！　この恵み！　これこそ永遠なる幸福、永遠なる恩恵ではないか。

（一九七四・四、『聖書信愛』、通巻二〇〇号）

矛盾の本、聖書

人々は聖書を世界で唯一の本だと言う。しかし大変恥ずかしいことであるが、私は二十一歳のとき入信したのだが、その時まで聖書という本があるということすら知らなかった。もちろん、それがどんな本であるのか、知るよしもなかった。ところが二十一歳になった年の春、夢にも考えられなかったことだが、急に信じたくなって、信ぜずにはいられなくなって、無条件に信じ始めることになり、聖書を読むことになった。

しかし、今になって考えて見ても不思議で、一体どうしたことか全く理解できないのは、その時、聖書という本を私がはじめて手にしたにもかかわらず、初めから終りまでアーメン、アーメンだったことである。なぜそうなのか、私自身分からないことだった。もちろんこのことは、学問的とか、ましてや神学的に分かったのではなくて、初めから最後まで分からないことずくめ、ましてや矛盾だらけの内容であるにもかかわらず、「そうだ。そうだとも。そうならなくては!」という調子で、すっかり魅せられて読みふけったのである。否、実は読まずにはじっとしていられないので読んだのだった。そこで、読みさえすればどういうわけか知らないが、嬉しくて感謝の気持ちが湧き上がり、居ても立ってもおられなくなるのであった。これは面白おかしいというよりは、むしろ、大変奇怪で滑稽なことと言うべきなのではなかったか。

私には何故であるか分からないのであるが、この本を五十年の間私の懐に携えて来たのだから、何ということだろうか。だからといって、旧約を何(十、百)回読んだとか、更に新約を何(百、千)回読んだとかいって大言壮語することはできない。加えて、幼時から記憶力が優れず（実は頭が悪くて）、聖書のどこにどういう御言葉があると言ってさっと章節を答えられないのだから、寒心の至りである（もっとも若い時には、誰かがそういうことを聞けば大体どの本の何章何節にとまで答えたことがあることはあったけれども、それも新約聖書に限ってのことだったが）。

私が一番繰り返し読み最も好きな所は、旧約では詩編であり、新約ではガラテヤ書、そして、ヨハネの第一の手紙と言えようか。この程度では私が聖書に対して云々する何らの資格もないけれども、私なりの考えや判断を言うならば、私が聖書に対してただ一言評価して言えることは、「聖書は矛盾の本だ」ということ以外言葉がない。

たしかに聖書は救いの本であるけれども、滅亡の本でもある。だから人を生かしもするが、殺しもする。光というけれど、その中には暗黒も入っている。喜びと悲しみ、感謝と恨み（不満、不平）、祝福と呪い、愛と憎しみ（嫉妬）の全てが入っている。一体人々はこの事実を知っているだろうか。決してみだりに良いとだけ言ってはならないことを深く知らねばならない。したがって、私は「聖書は真剣勝負」をする覚悟なしには読めない本だと信じている。

（一九七五・五、『聖書信愛』、通巻二〇一号）

信仰の先祖アブラハム

アブラムは九十九歳の時、神の命令に従って名前をアブラハムに変えた。アブラムは「高められる父」という意味であり、アブラハムは「多くの人たちの父」、むしろ「多くの群れの父」という意味だということであるが、それだけではなく、実は「わたしはあなたを多くの国民の父とするからである」とまで彼と約束なさったのである（創世記一七・五）。なぜ神はアブラハムにそのような約束をされたのだろうか。他でもなく、アブラハムは神が「あなたは国を出て、親族に別れ、父の家を離れ、わたしが示す地に行きなさい」（創世一二・一）と命令なさったとき、少しも疑うとかためらうことなく、あたかも幼児のように素直に、ただひたすらに神を信ずる心一つで、なじみ深い故郷と懐かしい親戚を、そして愛する父母兄弟をも全く何らの関係もなかったかのように、あらゆるものを残りなく捨てて、心も軽く旅立ったからであった（創世記一二・一、四）。

人々は言うかも知れない。それは神様が彼に「わたしはあなたを大いなる国民とし、あなたを祝福し、あなたの名を大きくしよう。あなたは祝福の基となるであろう」（創世記一二・二）という約束をして下さったからではないだろうかと。さらに、「あなたを祝福する者をわたしは祝福し、あなたを呪う者をわたしは呪うであろう。地の全てのやからはあなたによって祝福される」（創世記一二・二、三）とまで言われて、アブラハムを愛し、大事にされて、大いなる恵みを授けられたからではないか、だからアブラハムは神にしたがったのだと抗議する人がいるかも知れない。しかし私はそうは思わない。その理由は、神様はそのような単純・純粋で素朴な信仰を嘉納《かのう》したもうと信ずるからである。

人々は「因縁」という言葉をよく使う。しかし、私はこの言葉に対して好感が持てない。それは迷信じみた匂いを漂わせる面があるからである。しかし、また他方考えてみると、「因縁」すなわち因果関係というものは、人間社会においてなくてはならないもののようにも考えられる。もしも因果関係がないとするならば、神の怒り、否、それよりも神の審判は無意味となり、不必要なものになるのではないだろうか。しかし神は悪と不義を必ず怒りたまい、罪悪を徹頭徹尾、審判したもう。現実を見よ！　私は今、地獄のどん底に住んでいるような気がする。殺人、交通事故、誘拐事件など、枚挙にいとまがないではないか。それにもまして飢饉、疾病、戦争など……はどうだ。これが神の審判でなくて何だろう。ところがここに喜びの消息（福音）がある。それは「アブラムがエホバを信じたところ、エホバ（神）がこれ（信仰）を彼の義と定められ、また彼に……わたしはこの地を彼に与えて生業につかせようとして……」云々（創世記一五・六、七）と。この事実は何と驚くべきことだろう。

しかし、人々はさらに言うかも知れない。「神はアブラハムの信仰ゆえに、驚くべき報いにより、限りない祝福と至高の恵みを下されたのではないか？」と。そうだ、それは事実である。しかしあなたがもしそのように思うならば、そのとおり、そのような報いを期待してでもひとつ信じてみたらどうか。おそらく、そんなに易々と信じられるものではないということが分かるであろう。信仰というものは、そう簡単には信じられるものではないと思う。それだから、信仰そのものが、それこそまさに神の祝福であり、恵みなのである。それゆえに、理由や条件などを質《ただ》すことなく、信じさえすればよい。それが真の信仰である。本来、信仰とは量にあるのでなくて質にあるのである。だからイエス様は「もしからし種一粒ほどの信仰があるなら、この桑の木に、『抜け出して海に植われ』と言ったとしても、その言葉どおりになるであろう」（ルカ一七・五～六）と言われた。またイエス様は「同様にあなたがたも命じられたことを皆してしまったとき、『わたしたちはふつつかな僕です、すべき事をしたに過ぎません』と言いなさい。」我々は無益な僕です、我々が当然為すべきことをしただけですと言うべきです」（ルカ一七・一〇）と明白に教えて下さっているではないか。

だから信仰とはただ謙遜に受くべきものであり、結局、真の信仰は服従にのみあるということを、我々としては肯定せざるをえないのではないか。そうだ、信仰とはただ「はい！」と言うだけに尽きる。だとすれば「信仰は最も易しいことである」と言っても決して間違いではないようである。そうだ、信仰は易しい。誰でも信じられる。信じさえすればいいのだから。

ああ！　しかし事実はそうではないのだ。なぜか。信仰は易しいだけ、それだけ実は難しいのだ。勿論アブラハムのように信じさえすれば易しいはずだ。しかしサッピラやアナニヤのように欺くとか（使徒五・一～一一）、駆引をするとか、あるいはイスカリオテのユダの場合のように、信じられない場合は難しい。難しいどころか、人間としては全く不可能なことである。誰が信仰を易しいことと思えるだろうか。だから、イエス様が「人の子（イエス）が来る（再臨する）時、この世で真の信仰をみることが出来ようか」（ルカ一八・八b）と言われたのはこのためである。イエス様が言われた信仰が、即ちアブラハムの信仰である。アブラハムはいつでも神の御言葉に服従したからである。神はアブラハムを試そうとして「アブラハムよ……、あなたの子、あなたの愛するひとり子イサクを……（わたしに）燔祭として捧げなさい」と命じられたところ、アブラハムは一言半句の不平も反抗もなく、直ちにその命令に服従して「刃物を執って、その子を殺そうとした」。その時神は「わらべを手にかけてはならない……。あなたはあなたの子、あなたのひとり子さえ、わたしのために惜しまないので、あなたが神を恐れる者であることをわたしは今知った」と言われただけでなく、アブラハムに雄羊を用意して下さったのである。アブラハムはその雄羊を捕え「それをその子のかわりに燔祭としてささげた」。そうして、アブラハムはその地の名を「アドナイ・エレ」と名付けた(創世記二二・一〜一四)。それは「エホバ備えたもう」という意味である。そうだ、我々は誰でも神が備えて下さって生きているのである。私はこれを「マナ」(出エジプト記一六・一三〜三六)という。天より(神様より)下さるマナを今日も頂きながら、我々は生きているのである。

だからアブラハムのように純粋な信仰で、何ごともただ従いさえすれば、神は誰に対してもアブラハムにされたように、いつも「アドナイ・エレ」で生かして下さると私は信じる。否、そのように信じざるを得ない。神はただ信じて生きる者に対しては、いつでも、どこでも変わることなく、「マナ」を豊富に降して下さって、喜び、感謝、満足、平安の中に生かして下さると信じるだけでなく、私はいつもそのことを体験している。それだけでなく、私の周囲にはそのような人たちがいるのをはっきりと見聞きしているからこう言うのである。

マナの動機と由来は、イスラエルの民が荒野で飢えたとき、指導者アロンとモーセを恨んで、「我々はエジプトの地で肉の鍋のかたわらに座し、飽きるほどパンを食べていた時に、主の手にかかって死んでいたらよかった。あなたがたは、我々をこの荒野に導き出して全会衆を飢死させようとしている」(出エジプト記一六・三）と不平をぶちまけたとき、「主はモーセに言われ」て、「わたしはイスラエルの人々のつぶやきを聞いた」と仰せられ、「あなたがたは……夕には肉を食べ、朝にはパンに飽き足りるであろう」と約束された時から、荒野で、「夕にはウズラ」と「朝には……荒野の面には、薄いうろこのようなものがあり、ちょうど地に結ぶ薄い霜のよう」な物（これがマナ）を食べさせた。しかも「多く集めた者にも余らず、少なく集めた者にも不足しなかった」というのである。（出エジプト一六章参照）。イスラエルの人々はこの食物をマナと名付けて「コエンドロの実のようで白く、その味は蜜を入れたせんべいのようであった」（三一節）と言った。

ここでイスラエルの民も初めて、神が自分たちを「マナ」で生かして下さっているということをはっきりと悟ったのであった。しかし、前述したように、アブラハムが「アドナイ・エレ」と言った時、人間は神が与えたまい、与えてくださってこそ生きることができるということを感じ、悟ったのではないか。私はそのように信じ、また信じてから五十年の間、はっきりと「マナ」だけで生きてきたことを躊躇なく告白し、証しする次第である。私は今信仰の祖先アブラハムを、そういった意味でもう一度想起し、神の有り難さと共に、アブラハムの信仰の真にして立派なることに今さらながら驚きつつ、この文を書くことになった動機を明らかにする次第である。

（一九七五・一一、『聖書信愛』、通巻二〇七号）

信仰より信仰へ

そもそも聖書という本は不思議と言おうか、面白いと言おうか、実はそれよりも本当に奥深く神秘的な本である。なぜならば、この本には人生と宇宙と万物に対する記録がそのままそっくり入っているのだから。しかし、こう言うと、あまりにも漠然としているので、もう少し狭めて言うならば、まず学問的に見ただけでも宗教、哲学、科学、文学、経済、芸術等々が記録されている。その他にも何々と……。しかし、今はただ聖書の中心、否、核心を探ってみようというのが私の意図なので、そのことを私なりに述べてみたいと思う。

実は聖書を文学という面だけに絞って見るとしても、最高最善の文学がその中に入っている。しかし、聖書は文学書ではない。勿論哲学でも科学でも芸術の本でもない。ただ信仰の本である。信仰中心であり、始めから終わりまでただ信仰だけを強調し、力説している。しかし、同じ聖書で同じ信仰を習い研究しながらも、その中からさまざまな教派が雨後の筍のように出てくるので、人々がキリスト教に対して右往左往するのも無理はない。ところで、教派が別れるのはさまざまな理由があるだろうけれども、大体において教理問題が最も対立的な問題になっていると考えられる。

それでは無教会の場合はどうだろうか。簡単に言えば、外的な儀式や制度や組織のようなものには別に関心を持たず、キリスト教の本質であり核心である信仰に対してのみ全心全力を注ぐ。そうするためにはまず各自の人格を尊重し、お互いの自由を認めながら心の中に深くイエスをキリスト（救い主）と信じ仕えながら、その十字架だけに依り頼んで、そのいさおしによって神の前に義とされることを得ようとするのみである。無教会はそれ以上でも以下でもないのだ。それゆえ、全ての枝葉の問題（儀式、制度、組織）などはほとんど無視して、ただ信仰のみを根本として、始めから終わりまで、信仰より信仰へ一貫するだけである。

それ故、私はキリスト教は「信仰の宗教」だと断言して終止符を打ちたい気持ちである。偏狭と固執が度を越していると言う人がいるかも知れないが、私としてはそう言う以外にはキリスト教を言い表したり発表する道が見つからないのだ。

それ故、イエス様も「あなたがたは、心を騒がせないがよい。神を信じ、またわたしを信じなさい」（ヨハネ一四・一）と言われたのだ。（韓国の）共同訳には「あなたがたは不安がらないようにしなさい。神を信じ、またわたしを信じなさい」となっていて、もっと解りやすい。いずれにせよ、私はキリスト教は（少なくとも私だけでも）信仰第一主義の宗教だと信じる。それゆえ、聖書は信仰の本であると信じる。もし聖書から信仰を除くとすれば、何が残ろうか。そこで、私は簡単に幾つかの例をあげて、聖書がどれだけ信仰を主張し、信仰の必要性を強調しているかを考えてみようと思う。

イエス様は「信じなさい」といわれたと既に述べたけれども、また、「恐れることはない。ただ信じなさい」（マルコ五・三六）、あるいは「神を信じなさい。……心に疑わないで信じるなら、そのとおりに成るであろう」（マルコ一一・二二〜二三）、「……なんでも祈り求めることは、すでにかなえられたと信じなさい」（マルコ一一・二四）と教えられた。それだけではない。イエス様は「彼らの信仰を見て」（マタイ九・二、マルコ二・五、ルカ五・二〇）、「あなたの信仰があなたを救ったのです」（マタイ九・二二、マルコ五・九四、ルカ七・五〇）、「あなたがたの信仰どおり、あなた方の身になるように」（マタイ九・二九）、「あなたの信仰は見上げたものである。あなたの願いどおりになるように」（マタイ一五・二八）等々、信仰に対してその価値と重要性をどれだけ力説され縷々《るる》教えられたかわからない。

またパウロを始めとして全ての使徒たちも、信仰をどれだけ強調したかわからない。まずパウロは「わたしたちは、信仰によって義とされたのだから」（ローマ五・一、ガラテヤ三・二四）、「信仰に立ちなさい」（一コリント一六・一三）、「信仰によって行い……」（二コリント四・七）、結局「全て信仰によらないことは、罪である」（ローマ一四・二三）とまで言った。使徒行伝には「主イエスを信じなさい、そうしたら、あなたもあなたの家族も救われます」（同一六・三一）と、今出獄したばかりのパウロとシラスが看守に言ったと記録されている。

それだけだろうか。聖書は旧約も新約も至る所信仰中心で満ちていて、「信仰に始まり信仰に至らせる」（ローマ一・一七）と言ったパウロの言葉のように、初めから終わりまで信仰、信仰、信仰だけである。「アブラハムは主を信じた」と書いている創世記から、「イエスを信じる信仰を持ちつづける聖徒」（ヨハネ黙示録一四・一二）と言った黙示録に至るまで、信仰を基礎にしているのである。

それゆえ、旧約のハバククと新約のパウロは「信仰による義人は生きる」（ハバクク二・四、ローマ一・一七、ガラテヤ三・一一）と主張したのである。

それゆえ、私が信仰第一主義を叫ぶからといって、人々はそれが必ずしも私の偏狭や固執によるものと咎めたり嘲笑することはできないのではないかと思う。むしろ、キリスト教は初めも終わりも、第一も第二も、一切が信仰に始まり信仰に終わると言っても、過言ではない。それゆえ、私はキリスト教はただ信仰、それも純粋な「信仰のみの信仰」を強調し、「信仰より信仰へ」前進また前進するのみだということを再三再四叫ぶのである。
（一九七六・六、『聖書信愛』、通巻二一三号）

頂いた恵みのままに

いつぞや、ある方から聞いたことを思い出す。『聖書朝鮮』の同人の中には、「話す人、書く人、生活する人」があるように思われると。しかし、どうして彼等だけだろうか？　この世の中には話のうまい人、文章のうまい人がいるだけでなく、話をすることまたは文章を書くことを専門に、これを職業としてやっている人がいるかと思えば、言葉や文筆よりは、むしろ黙々と生活の中で実践する人がいることは誰もが知っているとおりである。

ところで、その方の言っていることは、誰が話す人であり、文筆の人であり、生活の人なのかを明確に断定している言葉なのか、あるいは漠然とそんな気がするということなのか、それは私が知るよしもなければ、知ったことでもない。なぜならば人間はおおむね誰でも、話もし、文章も書き、わけても生活のない人はいないからである。しかし世の中には言葉が達者だとか文章に長たけているとか、あるいは、生活をより重要視して生活にのみ重きをおく人がいるのも事実である。

だとすれば、どちらかにより価値または意義の軽重をおくことはできないばかりか、速断してもならないことである。仮に書いたり、話したりすることを貴重とするのは、話をすることと文を書くこととが大変貴重で必要な場合が多いからである。特に、話すことと書くこと自体がまさにその人の生活であり使命である場合もありうるのだから、尚更のことである。しかし、逆に生活自体が全く無価値、無意味な場合も幾らでもあるのだからどうしたものか。だから要は話をしようが文を書こうが、あるいはまた生活に重きを置こうが、そういったことが問題なのではなくて、何をしようが、どのような形の生活をするにせよ、常に事に当たるに真実、正直、純粋でなければならず、それさえできていれば、話をしようが文章を書こうが、あるいはどういう所でどういう事をしていようが何ら問題にならないばかりか、それ自体に価値と意義が含まれていて、まことに高貴で美しく、偉大で、栄光ある輝かしいものになりうるからである。

それ故、人間は誰でも職業や環境如何を取り沙汰すべきではなく、ただ、前述したように真実で正直で純粋でさえあれば、それが神の御意であり、そして神の栄光になりうるのだから、実に天父が喜ばれるばかりでなく、限りない恵みと祝福と平安を躊躇なく下さるであろうことを確信し、断言し、保証するのに少しもためらうことはないと信ずる次第である。

置かれている場で、各自の才能のままに、与えられた仕事に忠実な者は、永遠に幸せならんことを（一コリント一二・四～七、マタイ二五・二一）。

（一九七六・九、『聖書信愛』、通巻二一六号）

神の大いなる望み

私はいつも知りたいことがある。「神の御心は何だろうか」と。言い換えれば「神様が最も望まれるもの、神様の唯一最大の願いは何であろうか」と常に考えている。しかし、私には全くわからないし、とうていこれを読み解くすべもない。だから私にとっては、これよりも大きい重要で必要な問題はあるはずもないし、あり得ないことである。

ところが最近になって、気づいたことがある。それは私が一生のあいだ願い考え望んできたことは唯一つ、信仰なのだが、もし私の信仰が真であるならば、私の信仰が純粋且つ単純で、ごく自然であるならば、必ずや神の御心を悟れるだろうし、また、悟らなければならないのではないかと。その時、にわかに天より声が聞こえて聖霊の感動が臨み、明らかにされる点があった。それは他ならぬ、主の御言葉である。「第一のいましめはこれである、『……心をつくし、精神をつくし、思いをつくし、力をつくして、主なるあなたの神を愛せよ』。第二はこれである、『自分を愛するようにあなたの隣り人を愛せよ』。これより大事ないましめは、ほかにない」(マルコ一二・二九～三一)と教えて下さった御言葉である。この言葉はマタイ福音書二十二章三十七節から四十節までにも記録されてあるとおり、実は旧約聖書の申命記六章五節から引用された言葉である。

だとすれば、新約(即ちキリスト教)は旧約(即ちユダヤ教)を基盤にして生まれ、成長したことは間違いのない事実で、まずこの御言葉一つを見ても、十分知ることができる。御言葉はユダヤ教においては言うまでもないし、キリスト教においてもどれだけ貴重な言葉であり、教えなのかわからない。それゆえ、キリスト教はこの御言葉により始まり終わるのである。

そのとおり、この御言葉はキリスト教のアルファでありオメガなのだ。その理由はこの御言葉からキリスト教のあらゆる貴重な真理の御言葉が伝播されて来たからである。まず、「何事でも人々からしてほしいと望むことは、人々にもそのとおりにせよ」(マタイ七・一二、ルカ一〇・二七)という、いわゆる「黄金律」も、それこそ、このキリスト教の中心の真理から湧き出たものである。

それだけではない。この御言葉より「真の隣り人」に対する「サマリア人の譬」も語られた(ルカ一〇・二九～三七)。かねて、私が何時も最も有り難く思っている「これらの最も小さい者のひとりにしたのは、すなわち、わたしにしたのである」(マタイ二五・三一～四〇)と言われた「羊とやぎを分ける譬」を連想しながら、おそらく「神様の最も大いなる望み」であり、特にクリスチャンに対する最も大きい期待は、これを除いて何があるだろうかと思いつつ、これを年末の所感として記したい。

（一九七六・一二、『聖書信愛』、通巻二一九号）

神の過酷なる真の愛

「聖書は神の御言葉である」と信仰者はみな言うし、私もそのように信じる。しかしそう言いながらも、大部分の信者は「聖書は理解しにくい」、または「聖書には矛盾が多い」といつも不平がましく言っているのだから、どうしたことだろうか。「聖書は難しい」とか「矛盾が多い」とか言うのは、文字や文脈によるのでなくて、御言葉の中に込められている精神の内容に矛盾が多いからだと考えられる。

私はこの際、聖書の矛盾に対していちいち実例をあげて語りたくもなければ、実はそうすることもできない。なぜならば聖書自体が矛盾だらけだからである。

しかし不思議で面白いのは、ある御言葉に対してある人は感嘆するばかりか、興味津々でアーメン、アーメンを発するかと思えば、ある人は全く理解できないだけでなく、かえって反発心まで起きるのだから、どういうわけだろうか。それは外でもない。飢えている人とお腹一杯の人とはその考えと行動が同じではないし、そのはずもないというのと同じ理屈である。病める人と健康な人、富める人と貧しい人など、世の中はさまざまである。

私は入信の頃、ルカ福音書第十五章の放蕩息子の譬たとえ（一一〜三二節）を読んで、どんなに感謝感激したことか、じっとしていられないほどだった。思うに、私自身がその放蕩息子だったからではなかろうか。

ところが、ある人は全然反応がないばかりか、かえってこの譬えの矛盾を指摘しながら父の行動に対して反感を抱き、怨み、議論をぶつけて腹を立てるのだから、不可思議なことである。

しかしイエス様は「わたしが来たのは、義人を招くためではなく、罪人を招くためである」（マタイ九・一三、マルコ二・一七、ルカ五・三二）と叫ばれたのである。それだけではない。イエスは聖書学者、祭司長、長老等々、この世で称賛としかるべき待遇と尊敬を受け、他人が羨やんでいる人たちよりは、取税人や娼妓またはサマリア人など、他人より好待遇はおろか虐待、蔑視、侮辱と排斥を受けているような人々を憐まれ、慰められ、これらの人々に喜びと希望と平安、否、否、完全に救われて永遠の生命を享受できるように導かれたのだから、正にこの世の人と正反対ではないか。それゆえ、聖書では「神は愛である」（一ヨハネ四・八〜一六）と躊躇なく断言したし、「神はそのひとり子を賜わったほどに、この世を愛して下さった。それは御子を信じる者が一人も滅びないで、永遠の命を得るためである」（ヨハネ三・一六）と、具体的に説明までされた。キリスト教は愛の宗教であると言うのはそのためである。

そうかと思えば、同じ聖書に「わたしの子よ、主の訓練を軽んじてはいけない。主に責められるとき、弱り果ててはならない。主は愛する者を訓練し、受けいれるすべての子を、むち打たれるのである」（ヘブル一二・六、箴言三・一二）と語られたばかりでなく、「だれでも受ける訓練が、あなたがたに与えられないとすれば、それこそ、あなたがたは私生児であって、ほんとうの子ではない」（ヘブル一二・八）とはっきり述べている。

以上によって、神は愛であられるので、柔和で謙遜であるけれども、一方大変厳格であられることを知らねばならない。実は厳格以上に過酷と言おうか残忍と言おうか、人間としては理解も納得もしにくいほど、鋭く呵責のない方であられることを、我々は深く認識し覚悟せねばならないと私は信じる。

それゆえ、旧約と新約を通じて、神がよく用いられた使者（僕）たち、即ち、モーセを始めとして多くの預言者たちの場合、誰一人として苦痛と悲哀と艱難をなめていない人があるか。エリヤ、エリシヤ、ダビデ、アモス、イザヤ、エレミヤ、ダニエル等々……、彼らは神が選んで用いられた貴重な器であり神に生命を捧げて忠誠を尽くし、神の御心をいただいた人たちではないか。

ところが、彼らのうち誰か一人でも神の訓練と笞を受けなかった人がいるか。もちろんパウロを始めとしてペテロも、ヨハネも、または洗礼者ヨハネも、その他全ての使徒たちは皆、艱難、苦痛、悲哀の中で主の後に従い、茨の道を歩んで生涯を捧げたのではないか。

しかし、天上天下に有史以来、わが主イエス・キリストが背負われた十字架の苦難以上の苦痛をなめられた者があるだろうか。決してないのではないか。その理由は、主より以上に神の愛を受けた者はないからだと私は信じる。「光が強ければ強いほど影も濃い」という事実を誰が否認し得よう。

それゆえ、もし我々が神の愛を望むならば、決して神の笞を避けたり、逃れようとしたりする愚かさと不信をくり返してはならない。否、むしろ我々に押し迫る恐ろしい茨の道であっても、むしろ感謝しつつ喜びを持って受け入れることに努めるべきである。ある日、家内が「神の過酷な真の愛」と言いながら祈るのを聞いて、とりわけ神の訓練と笞こそは真の愛であることをもう一度感じつつ、この文を書く次第である。


（一九七七・一一、『聖書信愛』、通巻二三〇号）

おばあさんの信仰

私は若い頃、時々山深い農村に行ったが、その時、そこの教会に立ち寄ってみたら、例にもれず、ハングルも知らない白髪のおばあさんが講壇の下に坐り、牧師様の説教を熱心に聞いている姿を見受けるのが常だった。その時思ったのは、はたしてああいうおばあさんに何がわかるだろうかと疑問を持ったことを今思い出す。考えてみると、私こそ真の信仰とは何なのかを全く知らなかったのではないかという感慨にふける。なぜなら、ああいうおばあさんの信仰こそが単純かつ純粋で清いばかりでなく、どれだけ正直な信仰なのかがわかってからは、むしろ心から頭が下がり、このような信仰が真の信仰、生きた信仰、然り、信仰のみの信仰なのだと悟ったからである。

イエス様はこのような信仰を喜ばれて大変ほめら

れ、いつでもはばかりなく受け入れて下さった。まず長血を患っている女性をはじめとして（マタイ九・二二）、パリサイ人に罪人という烙印を押された一人の女性（ルカ七・五〇）、浄められて、嬉しくてイエス様の下に帰ってきたライ病人（ルカ一七・一九）、エリコの盲人（ルカ一八・二）など、彼らの信仰をご覧になられて「あなたの信仰は見上げたものである。あなたの願いどおりになるように」（マタイ一五・二八、マルコ七・二八〜二九）と驚嘆されるかと思えば、ベタニアのマリアの、信仰から湧き出た行動を擁護されたことなど（マタイ二六・一〇〜一三、マルコ一四・六〜九）を察するに、正に信仰の本質がわかって余りあると言うべきであろう。

私は去る四月二二日、洪城のプルム学園の第二十周年記念式に行って、翌日の聖日礼拝に参席したら、ちょうど忘れられない友人の御母堂が出ておられて嬉しかった。朱壅魯兄が無教会の集会を始めて以来、今まで変わりなく出席された方である。ところで、その方の耳はもう失聴にも等しいのだが、少しも失望どころか、「だから、わたしたちは落胆しない。たとえ私たちの外なる人は滅びても、内なる人は日ごとに新しくされていく」（二コリント四・一六）と言ったパウロの言葉のように、日々天の国に向かって前進しておられるのだから、どんなに驚くべきことか。ハレルヤ！

これがキリスト教の信仰、イエス様が要求される信仰、神様が喜ばれる信仰である。信仰は信仰のみによって足りる。信仰には理由も条件も不必要である。信じさえすればよい。誰でも信ずれば救われる。しかしイエス様は「人の子が来るとき、地上に信仰が見られるであろうか」（ルカ一八・八）と言われたのは、どのような意味と理由による御言葉だろうか。私は最近、何かただならぬ感じがしながら、ある変化が必ずやって来そうな気がして身震いがする。人々が歎き悲しむ時が近づいているように思えて。このようなことが、まさにイエス様の再臨の兆しではなかろうか。おお！　主よ、早くきたりませ。アーメン。

（一九七八・五、『聖書信愛』、通巻二三六号）

無教会とは何か

人間は両面的な存在である。保守的でありながらも進歩的である。固執しているかと思えばいつの間にかそこから抜け出ている。それだけか。全ての面において人には二つの面がある。善があるかと思えば悪があり、慈しみ深いと思えば残忍である。愛するかと思えば憎んでいる。しかし、それは人間だけのことではない。光あるところには闇が従うことになっている。私は今電灯をつけた（今は早朝の四時である）。そうしたら影が見える。光がなければ影も見えない。光と闇は正反対でありながらも常に同伴している。このような現象を矛盾と言う。

ところで、既に述べたように、矛盾は人間にだけあるのでなくて森羅万象、一切が担っている。矛盾が大きければ大きいほど、全ての事が確実ではっきりしている。にもかかわらず、多くの人々は矛盾を忌避する。拒否し排斥する。実は自分自身にも矛盾があるにもかかわらずである。これこそは矛盾中の矛盾、最大の矛盾である。ここに葛藤が生まれ（実は自己葛藤が最も大きいし、恐い。）排斥することになる。

ああ！　人々はこの事実を知っているかどうか。いや。全然わかっていない。わかっていない人の方が多い。もし知っていながらも知らぬふりをしたり、なおざりと無関心が続くと、結局は一方的な人間に変わってしまう。例えば、パリサイ人たちが最も鮮やかな例だと言えようか。しかし、パリサイ人にならなければ自己矛盾に耐えられなくなって、自己を放棄することにもなる。結局は自殺によって幕を下ろす。ここに人間の悲劇がある。そうだ。これは最大の悲惨で惨酷な悲劇ではないか。

実は今がまさにそのような時代なのだと思う。まよ人々は自己矛盾に落ち入って右往左往して彷徨《さまよ》ってだけいるから、どんなにみじめなことだろうか。時は既に遅いといった感じなのが事実である。

しかし落胆してはならない。矛盾や悲劇から逃れ出る道はたった一つだけある。それは矛盾の根源であり、母体であり、永遠に唯一であられる神に帰っていくことである。それも積極的で極端でなければならない。いっそのこと自己に死なねばならない。これが信仰の道である。

ところが大多数の人々は、信じると言いながらも自分を顧み、大事にし、保護している。これこそはより大きい最後の悲劇である。悲劇以上、絶望である。否、滅亡である。然り、死である。人生の終わりである。

私は「無教会とは何か」と言った。これは根本と本質の問題である。それゆえ、今までの生温い状態（または態度）ではいけない。すでに述べたように、人生の終末は死なのだから、死を覚悟して冷たいか熱いか、どっちかの決断をしなければならない。それこそ百尺竿頭《ひゃくしゃくかんとう》に立っているにも等しいから、どうしてわが（人間の）力でそれができようか。目をつぶって飛び下りるしかない。二者択一である。死ぬか生きるかの。

ところが、不思議にも、その時になって初めて神は働きたもう。愛なる神、道であり真理であり生命なる神、そして公平であられる神は、必ず心を留めて下さる。ここに救いがある。

私はこの事実を無教会と表現する。否、そう信じる。生きるだろうか死ぬだろうかと躊躇した人は無教会はわからない。無教会とは関係ない。否、無教会信者にはなれない。

それゆえ、いわゆる無教会を自称したり、無教会を自慢する者は決して無教会信者ではない。なぜならば真正の無教会信者は、教会か無教会かを語る興味も理由もない。そんなものは問題にならないので、問題視する必要すら感じないからである。ただ神に一切を委ね、信じ、依り頼み、従い、忍耐して待つ生活のみが、無教会（信者）である。それゆえ、教会の中に無教会（信者）があり、無教会の中に教会（信者）がいくらでもいるのが事実である。

そのような意味で、イエス様自身が誰よりも無教会（信者）であられる。したがって神の御心に従って、イエス様の後に従う反逆者パウロとカトリック教会から飛び出してきたルターも無教会信者であった。そして、最近では日本の非愛国者として指弾を受けた内村は、それこそ自分の信仰生活を無教会主義者として自称した。彼らはみな死の道を、十字架を負って天国に向かって一生を捧げた人たちである。結局、無教会は死以外に道がないのだから。

キリスト教は無教会である。イエス様は「死んでこそ生きられる」と教えられたばかりでなく、それを先頭に立って実践なさったのだから、誰もイエス様の十字架以外に救いの道はない。

（病床でとりとめもなく考えの浮かぶままに記した。もともと文が下手だが、なおさらまずいので申し訳なく思います。一九七八・七・七）

（一九七八・七、『聖書信愛』、第二三八号）

平和、平和、平和

平和のニュースが聞こえてくる。「中東和平条約（訳註・一九七九年三月、イスラエル・エジプト平和条約調印）が結ばれたと言う。本当に嬉しく、おめでたいことである。中東は「火薬庫」ではないか。私は感激に溢れて先ず神様に心から感謝した。政治は取り引きなので値引きをし騙すことだというのだから、政治などに期待はできないとしても、それでも戦争のニュースよりは平和のニュースの方が千倍も万倍も貴くて有り難いではないか。わけてもエジプトとイスラエル間のことだというのだから、三十余年の戦争が終わりを告げるだけでなく、何千年の宿怨が解けることになったわけである。

それも、エジプトの大統領サダトが奮然とイスラエルを訪ねて平和の協商を表明したことから始まり、とうとう昨年九月にアメリカで、カーター大統領の根気強い仲裁によって「平和の構造」という文書が出来上がった後、一九七九年三月二十七日、「中東和平条約」に両国の首脳者たちが署名捺印することによって、「中東和平」は成就したのである。

人々は「言葉や文章だけの平和、それも政治的ではないか」と言うかも知れないが、違う。万事は考えまたは感じることから始まって言葉と文章で表現された後、実践に移されて、結果を結ぶではないか。

伝え聞くところによれば、これには多くの隘路と障害物があったという。当然なことであり、むしろそれが自然である。アスファルトの舗装道路の上に高級乗用車を走らせて美しい景色でも鑑賞する気分ではない。山また山の曲がりくねった峠の道を、転び倒れながら茨の道を切り開きつつ、崖の危険に気を配りながら用心して前進する心構えと姿勢で、それも狐や狼などでなくて、飢えた獅子のように虎視眈々機会の到来を睨んでいる、あの凶悪なソ連をはじめとするアラブ戦争の強硬国家たちの反発が、蜂の巣をつついたようになっている現実はまことに怖こわい。

ああ！　しかしそれを尻目にした、エジプト大統領サダトとアメリカ大統領カーターの平和に対する渇求と尽力に対して、声を大にして讃えるしかないのではないか。ただ彼らも人間なので腹の中や背後に若干の野心や不正があるのかも知れないが、それを退け抑えたことはそれこそ立派ではないか。彼らに平和の神に対する畏敬の念が伺われるので！　平和、平和、平和。私は平和、真の平和を、永遠の平和を渇求する。結局は信仰も愛も、正義も真理もただ平和の達成にあるからである。

人類の救いは平和にある。「平和をつくり出す人たちは、幸いである、彼らは神の子と呼ばれるであろう」（マタイ五・九）。結局は人類の救いは神と人との和解、即ち平和を達成することにある。如何に平和は貴いものであるか。

（一九七九・四、『聖書信愛』、通巻二四七号）

お別れの言葉

人間のうち、過誤や欠陥のない人はいないと言っても決して過言ではない。しかし私にはあまりにも過誤が多いし、欠陥だらけなので、本当に寒心に堪えないのである。その多くの過誤と欠陥の中でも第一に決断性に欠け、第二に記憶力に乏しいために、この歳七十六になるまで多くの過ちと失敗で一貫したのだから、どんなに恥ずかしいかわからない。

（一）継続性がなくて学業を中断したし、農業とか商売とか学院とか言って、実は伝道するのだと言葉でのみ騒ぎ立てながら、その実全く一つもまともにできなかったし、この歳になっても幼児のように、いつもどこでも何事にも妄りに声を張り上げながらも、全てのことに鮮明、確実、徹底していないのだから、それこそ寒心の至りである。

（二）若いときから健忘症がひどく記憶力が全くなく、それに加えて特に歳をとってからは、四年も続けて倒れて何箇月も病床で過ごしてみると、健康状態が良くないことも事実である。

私はこの二つの欠陥のため、私の人生は初めから失敗の一生なのだから、今、何をことさら言おうか。そういうわけで、「伐斉為名」（註・外向きでやっているることと、内面では違うことをしている）の故事のように、世間体のよい『聖書信愛』の主筆とか発行者とかいった名前は、この際取り止めるべきではなかろうか。あまりにも遅れたけれども、今からでも一日も早く、『聖書信愛』から手を引くしかないのではなかろうか。ただ、今まで熱心に変わることなく終始一貫文章を寄稿してくれた同志たちには勿論のこと、長い間愛読して下さった読者たちに対して感謝とともに諒解を望みつつ、惜しいながらもお別れの言葉を申し上げようと思う。

この決断は決して突然なことではない。実は私が島に行く時（註・晩年プルン学園を創設して住んだ長峰島）に断行すべきだったので、その意向を明かしたところ、同志たちの引き止めもあったけれども、それよりも当時のわが国の実状から見て、いくら小さくても『聖書信愛』の必要性と、存在の意味を思って今日に至ったのである。しかし、今は時が来たように思え、私の健康と精神状態から見て、廃刊もしくは同志たちに委嘱する道しかないので、同志や読者の皆さんのご諒解を求めつつ、お別れの挨拶を申し上げる次第である。

（一九八〇・一、『聖書信愛』、通巻二五五号）

訳註・『聖書信愛』主筆としての最後の文章。

「馬鹿《ママ》」の権貞妊

二月十七日は権貞妊の日である。『聖書信愛』誌に記念号を出したいから文章を寄せて欲しいという編集者からのお知らせを受け取るや、妻はすぐ自分が知っている限りの権貞妊に関する所感を書いて送ったところ、有り難く受け取ったとの返事が来た。しかし、私はぐずぐずしていたある日の早天、眠りから目が覚めると、ふっと「権貞妊は馬鹿《ママ》だった」という考えがぱっと出てきて、ペンを執ることになった。

貞妊は地上に居る間あまりにも正直・純真で、ただひたすらなる真実の人だったので、結局この世では多くの人たちが彼女を馬鹿者と認識し、ついには阿呆扱いをするまでになったのが事実であった。そこで私は彼女を「馬鹿」と表現したのである。

私には急にこんな思いが浮かんできた。貞妊は今、天にあって私を見下ろしながら、「あら、おじさん（彼女はいつも私をおじさんと言った。）は今何を書いていらっしゃるの。やめたほうがいいわ。おじさんはまだそちらの世にいらっしゃるけど、世の中は悪で一杯ですもの。嘘の世です。だから何も言わずに、そのままおられるのが良いような気がします」とでも言いそうな気がして戸惑いもあるが、一応ペンを執ったのだから、筆にまかせて何字か記そうと思う。彼女がこの世にいた時にも色々と誤解され悪口を言われた原因を作った私が、今このような文を書いたからといって、今さら叱られたり誤解を受けたって構うことはないではないか。

おお！　貞妊、あなたは私のためにこの世でどれだけ悪口を言われ、誤解を受けながら、多くの無情な言葉をたくさん聞いたことか。あなたは三十九歳でこの世を去ったけれども、その後二十三年が過ぎた今日、私がこれを書いてどんな目に遭おうと今さら怖じけることもないし、気にすることなどないのではないか。

貞妊よ、不出来で愚かな、だから結局「馬鹿」の貞妊よ！　あなたが今何を願っているかを言ってください。叫んでください。あなたと私のために、いや、いや、それよりも主のために神に栄光を帰すことができるように、率直に、あけっぴろげに、力強く、世の中の人が皆わかるように、語ってください。頼みます。

私は若い時からたいへん記憶力がないのに、貞妊が逝った後きっちり十年間、一月十七日を記憶してあなたを追慕し、記念した。しかし、それ以後は、また再び日にちさえも記憶できずにきたのだが、あなたが去って二十三年になる今日、李瑨求兄の誠意によって貞妊、あなたを再び偲ぶことができたことを神に感謝しつつ、この文を書くことになったのだよ。

貞妊よ、あなたが生きている間は「変わり者、本当におかしな人もいるものだ。なんておかしな人なんだろう」という程度で接してきた私であった。ところがあなたが逝った後、歳月が過ぎれば過ぎるほど、今は「あ！　貞妊は生きていていつも私と共にいるんだな！」という思いが強くなるのはなぜだろう。一言で言って「貞妊は信仰で生きたからである」としか言いようがない。その内容を少し説明するならば……、

第一、権貞妊は全く自分の時間というものがない暮らしをした人であった。彼女は三十九年の一生を、ただひたすら他人のためだけに生きたのだから、どんなに貴いかわからない。そのことを考えると、私はいつも、顔を上げる勇気がなく恥ずかしさで一杯になる。なぜならば彼女が他人のために生きてきた中でも、その晩年はほとんど私のために生きたからである。

それは、彼女が私の集会での言葉によって信仰に

生きたという意味である。その理由は、彼女は梧柳洞で何年か暮らしたことがあるが、私は幼稚園を始めながら、彼女に保母職を任せたことがあった。彼女はどんなに熱心だったかわからない。そうして、六・二五（註・朝鮮戦争をさす）の時私は釜山へ、彼女は金海に避難したことがあった。当時、彼女は避難先で米軍の洗濯物の仕事をして、あまりにも熱心に洗ったためにとうとう喘息に罹ってしまい、それが原因でこの世を去ることになった。避難生活から帰ってきて暫くの間、仁川で病床にいたが、臨終の時にはわが家（梧柳洞）に来て息絶えた。それで、彼女のお墓は梧柳洞にある。

第二、貞妊は正直一筋、真実一筋の人であった。誰に対してもどんなことにも、偽りなく率直に生きたのだ。他人が知ってくれようとくれまいと、見てても見なくても、ただひたすら正直で誠実であるのみだった。それは自分の生活のみに限らず、他人の不正直や不真実までも坐視できず、必ず指摘し是正することに無限の苦労をした人であった。だから世間は彼女を好むはずがなかった。しかし、彼女を理解できる人は彼女を理解し、本当に信任して尊敬したことは言うまでもなかった。全ての人に対しては勿論のこと、全てのことに対しても偽りごとはおそらくなかったと思う。冗談などは全く知らない人だった。それ故、彼女が、無責任とか非良心的な言葉や態度をとることはあり得ないことだった。

私は彼女の誠実さの全てをひとつひとつ列挙しながら証明することができるけれども、貞妊は決してそれを欲するはずはないし、かえって不快に思うか不安がるに決まっているので、世のすべてを捨てて静かに逝った貞妊自身がそうしたように、ただ信じて任せ、耐え、待ちつつ、貞妊は天で、私は地上で、神の栄光を賛美する心で貞妊と再び会えることを待ち望みつつペンを置く次第である。

（一九八一・二、『聖書信愛』、第二六七号）

訳註・信仰の弟子について寄稿した記念追悼文。

無窮花《むくげ》

むくげのことを韓国では無窮花と書いてmukung whaと発音します。むくげという日本語もこの朝鮮語からきたのでしょうね。槿という漢字も使います。そして槿は韓国の国花ですから、韓国（全朝鮮）のことを槿城ともいいます。日本のことを桜の国というのと同じです。

むくげは五月半ばから、十月初めまで、毎日咲き続けて、窮《きわ》まりないので無窮花と書いて古くから私たちの国の象徴とされたのです。無窮花三千里と言えば朝鮮半島全体のことです。私たちは「無窮花三千里錦繍《きんしゅう》」といって誇っています。ただし韓国の十里は日本の一里にあたります。

無窮花はほとんど半年の間毎日咲き続けますが、その花の一つ一つは一日でしぼんでしまいます。それで「槿花一朝の夢」ということわざが日本にはあるそうですね。もっともこれは中国の白居易の詩から来ているのだそうですが。

日本が韓国を植民地にしていた時代には、むくげを植えることが禁じられていたのです。これを韓国人が見ると民族意識を起すからです。それで韓国の子供たちは、むくげという花を少しも知りませんでした。日本の子供たちはこのごろは日の丸の旗や君が代の歌を知らなくなって、オスモウサンの旗・オスモウサンの歌といっているので、古い人たちが悲しんでいるそうですが、それは日本人が自発的にしたので、日本人の意志でいつでも復活できるのです。

しかし、もしも外国人がやってきて日本の独立を奪い、桜の木を日本中からひっこ抜いて、それを植えることを禁じたとしたら、あなたがたの悲憤はやるせないでしょう。そんなことをされれば、一層あなたがたの民族意識は強くなるでしょう。日本のしたことは韓国を同化する上にも最も下手であったと言わざるを得ません。

私の作っていた梧柳学園の教師に申《しん》という人がいまして、朝鮮の子供たちが、むくげというものを少しも知らないのをなげいて、校庭に一本のむくげの苗を植えたそうです。「そうです」というのは、事実私はその苗を見なかったからです。誰かが「そんなものを植えると日本の官憲ににらまれるぞ」と忠告したので申のことを警察に密告した人がありましたので、ある日突然、総督府から視学官がやって来まして、申という教師はむくげを植えて独立運動をしたから、学園をやめさせよ、やめさせねば学園をつぶしてしまうぞ、とおどしました。

私はそのとき初めて校庭のどこかに、むくげが何日間か植えられたことのあるのを知ったわけです。私は申という人は日本に反逆して独立運動をするような人では決してないといって手を尽くして彼を弁護したのですが、彼は五山中学といって平壌の近くにあった私立中学校の卒業生で、五山中学では独立運動家を養成していると日本当局からにらまれており、当局から注意人物とされていたものですから、視学官はどうしてもゆるしません。

それで私は涙をのんで彼にやめてもらいました。彼はその後満州に行きましたので、『聖書朝鮮』事件で私が逮捕されたときには逮捕をまぬがれました。そのときやめさせられねば彼も逮捕されたでありましょう。何が幸福になるか、わからぬものですね。

こうして申は逮捕されなかったが、別の教師の崔という人は逮捕されました。私の長男が韓国の小学校を卒業した年に、私はもう一年彼に日本で勉強させようと思って、東京の無教会主義の先生方が作っていらっしゃる武蔵野学園という小学校の六年に編入させてもらうために、東京につれてきたのです。そして、そのついでに塚本先生の聖書講義を聴くために二、三カ月東京にいたのです。

私の東京滞在中に梧柳学園から児童たちの文集が送られてきました。その表紙にむくげの花の輪郭《りんかく》が描いてありました。「まずいな」と私は思いましたが、学内だけの文集ですから人に見られる心配はないし、またそれは、むくげと思って見なければむくげのようには見えないので、そのまま韓国に持ち帰って戸棚にしまっておいたのです。

ところが数年の後、例の『聖書朝鮮』事件が起って私は逮捕されたのです。そして、お前は学校を作って独立運動をしていると言われました。私はいくじなしで独立運動など考えたこともなく、そんなことに手をつける勇気も全くなかったのです。しかし、刑事にそう言いましたら、彼は一冊の文集を私の目の前におきまして、「これは何だ、むくげではないか、これがおまえの独立運動している立派な証拠だ」というのです。それは私の家を家宅捜索してさがし出してきたものです。

私は「これは私の知らないうちに、私が東京に行っている間に出来たもので、私が独立運動したのではありません」と言いましたが、「おまえがこの学園の責任者ではないか。おまえがこの花の絵を描かせたのだ」といってききません。そして、これを描いた崔という教師も逮捕されてしまったのです。

ここで昨年十一月『聖書の日本』七頁を少し訂正させていただきます。そこには、『聖書朝鮮』の執筆者同人六人全部が約一カ年留置されたとありますが、実は、六人の中三人はすでに信仰を失っていたのですぐ釈放されたのです。一カ年留置されたのは金教臣、咸錫憲、宋斗用の三人だけでした。そして、その他に柳達永君および梧柳学園の教師崔と、十六、七歳の生徒二人もそれに連座して私が釈放されるまで留置されました。

私が逮捕されたのは五月で、警察では「飛行機」などの残虐な拷問は受けませんでしたが、それでも、ホッペタをなぐられたり、竹刀で体を突かれたり、ずいぶんひどいめにあわされました。しかし、私たちが独立運動をしたという証拠は出て来ませんでした。そのうち書類は検事局に送られ、警察の留置場から刑務所の未決監に移されました。

それからは刑事の手をはなれて、藤木という検事の調べを受けました。この人はよく物のわかった人で、やさしく聞いてくれ、拷問などはしませんでした。あとで聞くところによると、大学時代に矢内原先生の講義を聞いたことのある人だそうです。しかし信者ではないようでした。刑事の方は、私の家から矢内原先生の書いたものをさがし出してきて「いったいこの著者は何者か、日本人か」と聞くのです。「そうです」と答えると「こんなやつがいるから日本は戦争をしなくてはならぬのだ」と言ったのでした。

翌年の三月三十一日、即ち、金君が逮捕されてからちょうど一年目に、私は突然独房から呼び出されて藤木検事のところに連れて行かれました。それまでは独房で友人たちの顔は見ることはできなかったのですが、そこには金君・咸君などの同志がいたので驚きました。一年ぶりの対面でした。

ただし未決監に入れられる前警察の留置場の独房では隣同志でしたので、我々は讃美歌を歌いかわしていたのでした。私が第一節を歌うと金君が第二節、李賛甲君が第三節、朴晶水さんが第四節というように。咸君、柳君、崔君は別の警察でしたからそれもできませんでした。

さて、その日検事の前に立たされたのは私たち『聖書朝鮮』事件の者のほか、他の思想犯もいまして合計十三名でした。おかしいな、と思っていましたら藤木さんは言いました。

「ぼくは今まで多くの思想犯をとり調べたが、君たち『聖書朝鮮』の諸君のように真実でウソを言わない者はなかった。畳はたたけば、いくらでもほこりが出るというが、君たちも、もっと取り調べれば二、三年の刑に処することができる。しかし今は戦争中で人手も多く要する時だから不起訴とする」。

突然のことで私たちは全くぼう然としていましたら、検事は手ずから私たちの手錠をはずしてくれました。夢のような心地で刑務所を出たのですが、その時には私たちの顔はみな栄養失調ではれ上っていました。

無窮花から話は思わぬ方にゆきましたが、桜もむくげも決して永遠の花ではありません。「三日見ぬまの桜かな」、「槿花一朝のゆめ」、「草は枯れ花はしぼむ」です。しかし主イエスの言葉はいつまでも亡びません。これのみが真の無窮花であります。

（談・文責政池）

政池付記　右は一九六五年五月、宋斗用君が来日されて話されたところを政池が書いて、宋君に直してもらったもので『聖書の日本』第三五三号に載ったものである。

敵意は十字架につけられた

福音による両民族の一致

私が韓国を出発するにあたって集会の諸君が歓送礼拝というものをしてくれましたが、その時ある人が言いました。「宋先生は何のために日本に行かれるのですか。昨年日本から政池先生が来て、日本の犯した罪を赦して下さいと言って帰られたから、こんどは宋先生が行って赦して上げます、と言われるのですか。とんでもない。政池先生がその背後におられる日本人たちを代表して謝罪にこなくてはおれないようにさせたのは、私たち韓国人が、主イエスにあって、日本を赦すという気持ちがなかったからです。私たちが真にイエスの命じられたように、日本人を愛していたなら、赦すも赦されるもない、もっと積極的に愛しあうことができたはずです。だから、昨年政池先生が韓国に来なくてはおられないようにしたのは、私たちの赦す心がなかった、即ち、愛がなかったという罪です。だから宋先生は日本に行かれたら、どうか私たちのその罪を謝罪して来て下さい」と。これは私も全く同感であります。私は皆さんにその意味での謝罪に来たのです。

日本は三十六年間朝鮮を植民地にしました。しかし、東洋に植民地を持ったのは日本だけではありません。英国もフランスもドイツも持ちました。強い者が弱い者をいじめるということは国の場合にも個人の場合も同じようにあることです。だから私たちは決して日本だけを責めてはならなかったのです。むしろ韓国が日本の植民地にされたことの原因は私たちの側にあった、私たちが愚かであったからでありまして、そのことを謝らねばならぬと思います。

私は出発にあたって、エペソ書二章十三節以下の聖句を示されました。これはパウロが異邦のエペソ人に書き送ったものですが、今の私たち、即ち、主にある韓国人と日本人との気持を最もよく現わしています。韓国と日本とは距離は近いのに、その心はあって、「遠く離れて」いました。しかし今ではキリストにであります。「キリストの血によって近いものとなったのであります。「キリストの血によって」です。彼の血によってそれぞれ自分の罪をゆるされて他を責めることができなくなったのです。そうです「近いもの」になったのではなく「二つのものが一つ」になったのです。ほんとうに「キリストは私たちの平和」であります。韓国と日本との間にあった敵意という隔ての中垣をとりのぞいて下さったのです。

イエスはご自分が十字架にかかって、実は韓国と日本との間にある敵意を十字架にかけて滅ぼして下さったのです。もう、あなたがた日本人は私たちの異邦人ではありません。わたしたち韓国人もあなたがたの異邦人ではありません。私たちは天国という国籍を同じくする同国人であります。

こうしたことは政治の力ではできません。イエス・キリストの父なる神を信ずることによってのみできるのであります。人間にできぬことを神がいともやさしくして下さったのです。全く奇跡でありま す。私たちは彼を心からあがめないではおれません。

政池付記　右は宋斗用先生が「福音による両民族の一致」と題して日本各地で語られたことの要旨である。

付録

宋斗用先生の生涯と信仰

森山浩二

1

昨年四月十日、八十二歳で天に帰られた韓国の無教会の大先輩、宋斗用先生の一周年記念会を、少人数ですが、この今井館でこのように開くことができたことは、感謝すべきでき事であります。韓国の方々も、祈りにおぼえて下さっているとのことですが、おそらく、内村先生や宋先生と非常に親しかった政池先生なども、天において、喜んで下さっていることでしょう。

私は十年前に韓国での留学を許され、生前の宋先生と何度かお会いしてお話しを聞いたり、聖書集会で一緒になったりしたことがあり、また、ハングルが少し読めますので、宋先生について書かれたもの、宋先生が書かれたもの等を私なりにまとめて、「宋斗用先生の生涯と信仰」と題して、お話しいたします。

2

まず、宋先生の生涯について、年譜に従って述べてみたいと思います。

一九〇四年七月三十一日、韓国忠清南道で出生。二歳のとき母上死去。四歳のとき、伯父に子がなく死去したため、養子となって戸主を相続。養父は郡守などを歴任、養母は篤実な仏教徒であった。一九一〇年、六歳のとき、日韓併合。書堂で漢文を修学し、十歳のとき、ソウルへ移り、公立普通学校、養正高等普通学校で学ぶ。一九一九年、十五歳のとき、三・一独立運動が起こる。一九二一年、十七歳で結婚。翌年、養正高等普通学校（四年制）を卒業して、第一回東京留学、正則英語学校に学ぶ。しかし、一九二三年九月、関東大震災にあい、下宿先の永井久録氏の保護で九死に一生を得て帰国。一九二四年、二十歳のとき、長男誕生、以後五男三女の八人の子供に恵まれる。三か月ほど小学校の教師をするが、極度の神経衰弱のため辞職。一九二五年四月、療養生活中に啓示により二度目の渡日。東京農大予科に入り、五月三日、永井氏の紹介で、内村鑑三先生の集会に出席。この日を入信の日とする。翌年の春のある日、回心を経験する。そして、内村聖書集会に出席している六人の朝鮮人留学生で、聖書研究会を始める。一九二七年七月一日、六人の同人誌として『聖書朝鮮』を創刊、二十三歳の最年少で参加。一九二九年一月、伝道の召命を啓示され、学業を中断して帰国。一九三〇年、内村先生召天後、金教臣と協力して、公開聖書集会を開始、伝道旅行も行う。ソウル近郊の梧柳洞に移り、農業を営みつつ、家庭集会を開始する。また一九三二年から、毎年冬期聖書集会も金教臣・咸錫憲らと共に開催し、『聖書朝鮮』に寄稿して、金教臣を助ける。一九四二年三月、いわゆる「聖書朝鮮事件」が起こり、一年間獄中生活をする。一九四五年八月十五日、祖国は解放を迎える。しかし、信仰の同志・金教臣は同年四月死去。戦後、一九四六年一月、宋先生はみずから個人伝道誌『霊断』(以後『隠れた生活』『聖書人生』『聖書信仰』『聖書信愛』と誌名は変更)を創刊。おもに京仁地方の農村を中心に伝道活動をする。他方、一九四六年十一月、盧平久先生が『聖書研究』を創刊し、無教会伝道を開始されたが、宋先生は共に協力しながら、韓国無教会の〝隅の頭石〞的存在として、大切な働きをされた。

以上のような活動だけではなく、解放前から貧しい子供たちのために、梧柳学園を開設して、解放後も続けられ、一九六九年からは、仁川の西にある長峰島のプルン学園を引き受け、教育活動にも従事されたが、現在は廃校となっている。この間、一九六五年五月、一か月間来日して、日本各地を伝道旅行。そして一九六九年には、宋先生が長峰島へ転地療養したため、梧柳洞集会と仁川集会とに分離した。一九七五年、信仰五十周年記念会。記念文集『信仰の信仰』刊行。一九八〇年、全ての公務から手を引き、米国旅行。翌年、老衰のため帰国後、病臥生活が続き、一九八六年、満八十二歳で天に召された。

3

先生の生涯を考えるとき、まず、先生の生きられた時代・社会状況は、四十一歳までの前半生が、日帝の植民地支配の時代であり、後半生は、解放後南北が分断され、朝鮮戦争を経て、学生革命や軍事クーデターによって政権交代があるなど、韓国人として、大変な苦難と激動の時期でありました。にもかかわらず、宋先生の八十二年の生涯は、このような時代や社会状況の区切りと関係なく、二十一歳でキリスト教に入信するまでの準備の時と、入信以後約六十年のキリスト者としての生涯の、二つに分けられるように思います。そして、後半の生涯でなされたこととして、一つは農業を始めとする家族を養う仕事であり、二つは梧柳学園や幼稚園・プルン学園などの教育運営活動、そして三つ目は無教会キリスト者としての平信徒伝道活動の、三つに要約できるでしょう。

この世的な基準で先生の生涯を見るとき、家庭の事情もあったとはいえ、学業を中断し、仕事の上でも教師・農業・時計店を営んだり、二、三の学校の運営などもされましたが、いずれもうまく行ったとは言えません。そのため、両班の家門で比較的裕福な方であったのでしょうが、戦前、広大な農地を小作人に分配処分したり、また引っ越しを何度もくり返すうちに、一時期は間借り生活をするということもあったようです。伝道活動もおもにソウル近郊の農村地帯で、一対一の個人伝道が主であり、家庭集会が大きくなった梧柳洞集会も、少人数の集まりであって、戦後出された個人伝道誌も『霊断』に始まり、誌名を四回も変更して『聖書信愛』に至りました。読者数も多くはありません。この世の人々は、不遇な生涯と見るかもしれませんでした。たしかに、奥様の苦労や子供さん達の犠牲は大きかったでしょう。しかし、先生にとって、結婚と家庭生活は恵まれていたと言えますし、キリスト者の生涯として見るとき、違った評価となりましょう。五男三女の中の次男である錫珍さんは、追悼文の中で次のように述べておられます。最後の部分をお読みします。

　父を一言で語るとすれば、無教会主義、即ち〝信仰のみの信仰〟を信じて生き、他人に伝えて逝った人であると言いたい。

信仰とは、人の霊魂が神様に直結することを言うが、その信仰は、自分が罪人であることを悟り、悔い改めることから始まるもので、父は毎朝、悔い改めの祈りをしていました。そして、復活を固く信じ、この世の人間的で現世的なあらゆる事を無視して生きた人であると思います。幼い時から私が知る父は、早寝早起きで、暁の祈り、冥想、聖書朗読、原稿書きなど、霊的で精神的な仕事をし終え、昼は実践活動の時間として、病人・孤児・乞食・前科者などを訪ねまわりました。常に正直を信条に生きること。不義と妥協せず、全ての事を祈って決め、人生の目的は死ぬ瞬間のためにあることを教えました。イエスが神様を御存じのように、私も父をよく知っているつもりです、私も父のように生きることを願います。

4

では次に、宋先生の信仰の生涯について述べたいと思います。

韓国の方々は、先生の信仰について、異口同音に「信仰のみの信仰」であったと、よく言われます。宋先生の書かれた文章の中にも、同名のものがありますし、先生の入信五十年の記念文集の題名にもなっています。また、この「信仰のみの信仰」という表現は、韓国においては、無教会の純粋な信仰の代名詞としても使われています。

戦前、宋先生と共に内村先生に聖書を学び、信仰の同志であり『聖書朝鮮』の主筆であった金教臣先生は、一九四〇年一月号で宋先生について、次のように書いておられます。

「宋斗用君は財産もあり、技能もあり、今日までいろんな事業を試みて来たが、余生を福音伝道に献げようと計画しており、全ての試みを経た後の結論だ。……〝小事に忠実なれ〟ということを生涯の標語のように繰り返し、〝水一杯でも暖かい心で飲ませること〟に努力した。それ故、長く病気に苦しんでいる人、貧しさや人生の悲嘆に暮れている人に個人伝道を行ない、その結果信仰による甦りと喜びを回復した者が、一人や二人ではなかった。彼は特にソウルを中心にした個人伝道に力を注いだ」。

また、弟子の李眞永さんは「宋斗用先生の葬儀記」の中で、

先生の生涯を一言で述べるならば、〝信仰のみの信仰〟を生きられた方であったと言えるであろう。この世の全てを捨て、文字どおり富貴・権勢・名誉・妻子、いや自分までも捨てて、イエスの十字架のみにすがって生きられた。

と書いています。そして、宋先生自身、信仰について、次のように述べておられます。

信仰は、決して人間の努力した結果ではなく、ただ神様の恩恵の賜物である。この恩恵の賜物

を無条件に信じ受けることが、真の信仰である。これ以外に信仰はないのである。信仰は理論でもなく、思想でもない。信仰は実際であり、個人の体験であり、また人類の経験である。信仰は各自が実践できる事実である。

この文章は、宋斗用先生が二十三歳のとき『聖書朝鮮』創刊号に書かれた「神様と信仰」の一節であるが、劉熙世先生は、

宋先生の八十二年の地上での生涯は、この初めの純粋で真の信仰で一貫されたものであったと入棺式で述べておられます。

他にも宋先生の信仰の生涯について、いろいろな方々が語っておられますが、私なりにまとめさせていただくならば、

①先生の信仰の特色は、まず事実・体験に裏打ちされた信仰であった、という点です。内村先生の聖書集会に出席した日を入信日と定めて求道生活を始め、回心から召命へと先生なりの体験があり、それを神様からの啓示として受けとめ、罪の赦しと救いの事実に対する感謝の信仰でありました。

②聖書とキリストの教えをそのまま信じ、生きられたという点。特に「神を愛し、隣り人を愛せよ」というイエスの愛の戒めを生涯かけて、しかも徹底して実践された愛と奉仕の信仰でありました。これに関するエピソードには事欠かないほどですが、梧柳学園を開設し、戦後、公立になると、梧柳幼稚園や夜間の梧柳学園（中等課程）を始められる等の教育活動も、学校に通えない貧しい子供たちのための、やむにやまれぬ愛の実践でありました。また駅の公衆便所をずいぶん長い期間、毎日一人で清掃されたという話も聞きました。先生の良き伴侶であられた奥様の回想談をお取りつぎします。

先生は信仰を知った後は、信仰に関する事以外は何も神経を使われませんでした。若い時は

乞食を連れて帰って来られたり、ライ《ママ》病患者や教導所から出て来た「前科者」を連れて来て、一緒に住まれるのです。初めはがまんできなかったが、そのように訓練を受けている間に、私も少しずつ信仰に眼が開かれていきました。

もちろん、このような愛と奉仕は、いわゆる慈善事業などではなく、宋先生の生活そのものであり、「左手でしたことを右手に知らせない」神様への愛の応答としての、当然の結果であったと言えます。

③宋先生の愛と奉仕の信仰の根源の力は、祈りでありました。一般に韓国のクリスチャンはよく祈ると言われますが、宋先生は実によく祈られた方でありました。非常に感情豊かな方でしたので、時に祈りが長くなったり激したりしたようです。釜山の張起呂先生の証言によりますと、戦前の冬季聖書集会で、聖霊の感動で熱烈に祈禱されたため、金教臣先生が止めたという事があったそうです。晩年の宋先生のお祈りは、神様に親しく語りかけるという、自然な祈りであったという印象が残っています。

宋先生自身「祈り」について次のように述べておられます。

おそらく、私は一生の間に午前五時以後に起きたことはほとんどないと思う。それで人々は驚くかもしれない。明け方に何をするのかと。早暁起きれば、ほとんどお祈りするだけである。ある時は一人で、または二、三人で。昨今は妻と共にすることが普通である。妻は祈禱しながら信仰が成長しているようである。お祈りをすると心がなごむ。喜びと感謝と望みが溢れ出てくる。私は明け方は神様の時間、昼は人間の時間、夜は悪魔の時間ではないかと考える。それで、私は朝に神様と対話を、昼には果たすべき仕事を、そして夜はすぐ眠る。

④晩年の宋斗用先生としか会っていない私たちに

は、柔和で謙遜、暖かい人柄で、接する人を広い愛で包んで下さる、やさしいおじいさんの印象がありますが、信仰の弟子や家族には、きびしい一面があり、「こわい先生」であったようです。特に嘘を嫌い、誰に対しても正直であること、自分の意志表示と態度をはっきりさせることを、教えられたようです。嘘が不真実な態度の表われであり、罪の根源であると、考えておられたようです。

そして、何よりも先生自身、自分に対し、自分の罪に対して、厳しかったようで、ある面では、先生の信仰生活は、自己の罪との戦いであったと言えましょう。自分が「罪人の頭」であり、「欲心と虚栄の塊」であるという自覚は、人一倍深かったと言えます。宋先生は「信仰生活五十年」という文章の中で、

一言だけ私が言うことがあるとすれば、いや、言いたいことは、歳を重ねるにつれて〝私は本当に罪人である〟という感が明らかになるだけであるという事実である。それゆえに、私は自分が生きている全てのことにおいて赦されていることを覚えて、それこそ感謝と讃美、そして喜びと満足があるだけである。

と告白しておられます。罪の自覚と告白がなされるところに、十字架の罪の赦しがあり、真の平安があるがゆえに、感謝と歓喜の生涯になったと言えましょう。

⑤宋先生は、入信後の数年間に、回心と伝道への召命の啓示を受けられますが、先生の信仰は伝道とイコールでありました。つまり、先生のキリスト者としての歩みと生活の全てが、伝道であったということです、キリスト教入信以後、養母を初め親族の反対が激しかったようです。そのような中で、奥様と二人の家庭集会を始め、一人、二人と集まり、梧柳洞集会が作られていきました。ここで、宋先生の伝道に関する文章を一つお読みします。

私は躊躇せず伝道の道を選んだのである。これは私にとって、決して大変なことではなかった。なぜか。私は〝信者は伝道者だ〟という考えが、いつからかわからないが、心の中深くあったためである。……伝道は決して集会をやったり、雑誌を出す事だけではないからである。本当の伝道は、まず自分が信ずることである。本当に信ずることである。……したがって、イエスを信ずる者は、特別に伝道という何かがあるのではなく、信ずる事自体が伝道であり、信ずる者は皆、伝道者なのである。……われらの伝道は、ただ、〝来て見よ〟と語るだけである。これがわれらの伝道であり、また、われらの所信である。

⑥宋斗用先生の信仰の生涯を語るとき、内村鑑三先生との出会いは、僅か三年間でありましたが、その聖書集会に出席して信仰を学ばれた事実を、除くことはできません。決定的な影響を与えられたと言って過言ではありません。信仰が一人の人格を通して伝達されていくことの実例であります。この事については、宋先生自身、内村先生が召天された年の『聖書朝鮮』八月号に、「恩師・内村鑑三先生」と題して、追憶文を書いておられます。少し長くなりますが、引用いたします。

内村鑑三先生！　ああ！　私にはどんなに貴い恩師であろうか。本当に意味深い師弟間である。とうてい忘れることのできない恩師である。……内村先生は、はたして私に何を下さったか。そうだ。先生は人間たる者にとって無くてならぬもの、必ず持たねばならぬもの、即ち、知らねばならぬものを私に教えて下さった。それは〝生きた信仰〟である。霊と真理をもって礼拝しなければならない、永遠に生きておられる真の神様。道であり、真理であり、望みであり、光、喜び、力、知恵、支配者であられる主イエス・キリストを、どんな事があっても絶対に信仰し、依り頼み、また、命令と指示と導きに絶対的に服従することと、神様に背くこの世とは絶対に妥協してはいけないことを、先生から学んだ。

日本人・内村鑑三！　彼は私に宇宙の秘義、人生の目的、歴史の中心を教えて下さった。それだけではなく、十字架の意義、流された血の価値、私とイエスの関係を教えて下さった。私には新しい望み、生命、信仰、喜びが生まれた。ここに初めて、私の人生観、社会観、信仰観が確立した。

宋先生二十六歳の時の文章ですが、信仰の恩師・内村先生に対する感謝は、終生変わりませんでした。

5

最後になりますが、「宋斗用先生の生涯と信仰」から、私たちが感謝すべきこと、学ぶべきことについて述べたいと思います。

日本の植民地下、若くして内村先生に師事して以来六十余年間、激動する韓国近・現代史と社会の中で、無教会の信仰をもって生き、キリスト・イエスのために全てを献げて伝道され、召天されたという事実、無教会の信仰が決して日本人だけのものではなく、国籍と民族を超えた普遍的なキリスト教の真理であることを証しして下さったという事実。

また一九二七年、金教臣先生を中心に六人で始まった韓国の無教会エクレシアが、キリスト教会の勢力が強い韓国社会の中で、現在まで続いて来たのは、柔和な宋斗用先生の存在があったからであると言っても、過言ではありません。解放前は金教臣先生を助け、解放後は盧平久先生と共に協力して、韓国無教会の方々を守り導いて下さいました。そして戦後、日本と韓国の無教会のみならず、日韓の和解の架け橋となって尽力して下さったことなど、私達日本人として感謝は尽きません。

次に、内村先生に信仰を学び、宋先生なりに生きてこられたキリスト者の生涯。特に先生の最後の伝道誌『聖書信愛』の名前が示すように、聖書を拠り所とし、イエスをキリストと信じ、神と人への愛を実践された生涯、信仰と愛（行為）と言うより、信仰、即ち愛の実践であった生涯、そして一平信徒伝道者として、ただひたすら生きられた生涯は、言葉だけが先行しがちな現代の私達キリスト者が、深く学び倣わねばならない点ではないでしょうか。

キリストにあって「勇ましい高尚なる生涯」を終え、今は天に在る宋斗用先生と、その先生を選び、八十二年間豊かに祝福し導いて下さったイエス・キリストの父なる神様に感謝と讃美をささげて、お話といたします。

（『十字架の言』一九八七年十月）

監修者註・宋斗用先生を知ってもらうために、一九八七年一周年記念会での講演を転載しました。

韓国無教会略史

劉熙世

今年の八月、東京での無教会懇談会で「韓国に於ける無教会」という題で一時間半程報告させていただいたことを茲にまとめます。「略史」とまでにはとても行かないのですので後日の大成を期し、不充分な中間報告と見なして下さい。

目次

一、ことの起り

（a）背景

「韓国の無教会」とは、「内村鑑三の説く福音を信ずる（韓国の）人々の宣教活動に依って韓国に形成されて行く信仰共同体」をさすものとみなします。

内村鑑三の伝道雑誌『聖書之研究』創刊号が出るのは一九〇〇年九月で、まさに二十世紀の夜明け時であります。「キリストの為、国の為」という副題のついた『聖書之研究』が創刊されたわけは創刊の宣言にあるように、「聖書豈《あに》日本の今日に於いて説かれざるべけんや」でありました。それから半年の後、亡び行く朝鮮国の東北部、咸鏡道に金教臣が生まれました。一九〇一年四月であります。内村とは四〇年の年令の隔りであります。金教臣が幼年期から少年期を経る間に、朝鮮は日本によって侵され、亡ぼされ、ついに日本の植民地となっていました。

一九一九年の三・一独立運動の年の末には金教臣は東京に出て東京高等師範学校入学の準備をしていました。一九二一年一月一六日にはじまる東京大手町での内村鑑三のロマ書講義に第一回から熱心に出席しました。彼の東京高師入学は一九二二年四月であります。

さて「無教会」という言葉は、内村鑑三の著書『キリスト信徒の慰』（一八九三年）の第三章教会に捨てられた時、の中にはじめて出ていて、それは『聖書之研究』の創刊号では日本に於いて説かれざるべからざりし真理でありましたが、一九〇七年一月の「初夢」ではその真理を説く聖書の研究が世界伝道の巨弾となります。金教臣らは正にその射程内にはいって来たのであります。

「初夢」は「恩恵の露、富士山頂に降り、……、長白山を洗い、崑崙山を浸し、……、此世の王国は化してキリストの王国となり、……。」とある様に恩恵の露を歌っています。恩恵の露はそのイニシャチブがどこまでも神にのみあるのであって決して富士山にあるのではない。このことの認識は韓国に於ける無教会の理解にとって極めて大切なことであります。韓国に於ける無教会の歩みはそのことを実証してくれていると私は見ます。先月私は大阪に参り、そこの主にある兄弟の皆さんに接したのでありますが、その時皆さんが示して下さったこまやかな愛にふれて、私は内村鑑三の初夢が決して過去の夢物語りでなかったことを感じたものであります。

（b）金教臣

金教臣は一九二七年三月、学をおえて国亡き国に帰国するまで「満七年余の間、内村先生の教導を受けた」のであります。金教臣についてはなお項を改めて述べるつもりであります。

（c）宋斗用

韓国無教会の先達のお一人、一九〇四年生れの宋斗用先生（以下敬称を略す）は今病床にあります。

一九三〇年内村鑑三昇天の時、宋斗用の書いた「恩師内村鑑三先生」という追憶文があります。これは宋斗用自身が書いた宋斗用と内村鑑三との関係でありますので、その一部を要約してみます。「一九三〇年三月二十八日……此の日朝八時五十一分、私の恩師内村鑑三先生は地上生活を古稀を以て終え、あこがれの栄光の国、永遠の楽園たる天国めざして出かけられたという。当時私は秋風嶺の北嶺の谷間で水車小屋守をしていた。あゝ私の恩師内村鑑三先生は実に世を去られたという。あゝ悲しい！　内村鑑三！　先生は私の恩師である。私は満二年半の間直接先生に師事したし、満五年間、先生の雑誌や著書を通して霊の養育を受けた。内村先生と余輩の関係を書いてみよう。一九二五年私は外的には高度の神経衰弱、目的には極度に堕落し、良心は麻痺して霊魂は死境をさまよった。私は肉体の疾病と霊魂の堕落にもだえ泣いていた。わめいていた。あゝ私はなやめる人だ。この時私の救いは意外の方面から私を待っていた。私は異状な光を見た。私は直感した。この光は生命の光であることを。あゝ私に望みが生じた。喜びと感謝があふれた。この生命の光こそ、ナザレの大工イエスであった。私は神の召きを明白に認識したので少しもためらわずにキリストの僕となることを固くちかった。私が信ずる様になったのは誰かの伝道や勧告によったのでなくて、私の霊魂の深い所で聖霊の光に照らされ、信ぜずにはいられないようにしむけて下さった主のみわざであった。私は事実、人や教会によらず私の霊魂が直接主の召きを受けた。しかし私は人だ。私の心臓には神にそむいた先祖アダムの血が流れている。だからいかにもがいても免れられない罪人である。私の霊魂はひどく暗かった。ここに私には霊魂の指導者が要求された。この時神が与え給うた霊魂の教師が正に内村鑑三先生であった。内村先生！　あ、私にとって何と貴い先生であることよ。果して由緒深い師弟関係である。到底忘れられない恩師である。

一九二五年六月一日私は内村鑑三聖書研究会に入会し、爾来三年の間熱心に通った。

柏木集会は私の霊魂のホームであった。飢え渇ける我が霊魂はこのホームで満たされた。先生は私にとって飢えた羊の牧場の草、渇ける鹿の谷川の水、暗き夜の灯火、山登りの時の杖。先生の熱火の如き獅子吼は私の霊魂をつかまえてイエスのもとに投げつけた。だが私には受難期が訪れた。祝福された東京生活は終った。内村先生と別れる日が来た。一九二七年秋、私は祖国へと帰った。東京から帰った私は家庭の人となった。私には戦闘の生活が始った。苦痛、愚難が洪水の様におしよせた。しかしこの時私に力となり灯火となったのは先生であった。毎月中旬、生命の祝福を満載して玄海灘を渡って喜びの顔で私を訪ねる『聖書之研究』、そして既に備えていた先生の著書、これらがいかに世の苦しみに泣く私を慰めたことか。かくて主イエスが勝ちし世を私もまた勝ちつゝ生きた。その先生が今世を去られた。どうして悲しみがなかろうか。内村先生は私に何を下さったのだろう。そうだ。先生は私に人としてなくてはならぬものを教えて下さったのだ。それは信仰である。霊と真理でのみ礼拝するべき永遠に生ける真の神。道であり、真理であり、望であり、光であり、喜びであり、力であり、智慧であり、権能者である主イエス、キリストを、生きるも死ぬも絶対に信仰し、依頼し、又その導びきには絶対に妥協したり握手したりかけ引きをしたりしてはならないことを、私は先生に学んだ。先生は私に宇宙の秘義、人生の目的、歴史の中心を教えて下さった。それのみではない。十字架の意義、キリストの血の価値、私とキリストとの関係も教えて下さった。そこで私には新しい生命、新しい信仰、新しい望、新しい喜が生れた。ここにはじめて私の人生観、社会観、信仰観が成立した。先生は信仰の人、公平の人、独立の人であった。先生からこのすべてを学んだのだから、私もこのすべてを霊魂深く刻んで実行せねばならない。三年間の東京生活は実に有益で意義深い。すべてが神の恵であることを信じて感謝する。」

二、金教臣

(a) 人間形成

韓国の無教会陣営には、金教臣、安鶴洙、宋斗用、李賛甲、朴碩鉉、朴晶水（ご健在）など秀れた指導者が与えられたが、金教臣の人間形成はどのようになされたのだろうか。それは韓国の無教会の性格を考えることとつながる。金教臣はこう書いています。（一九三七年五月）、「私は内村鑑三先生に依って信仰の筋骨を組立てられ、塚本虎二先生によって聖書の学問的研究の緒口が開かれたものであるが、なお また浅野猶三郎先生の朝鮮人一人相手の講義と下宿巡りの伝道とに実際接して伝道者の忍耐と信従とを学ぶことが出来なかったならば、私は既にとっくに失望落胆してしまったことだろう。結果を計算せんとする私の不信仰と焦慮に対して神さまは常に浅野先生を通して物語るからである。」

金教臣は内村の聖書講義をどう受けとめたのでしょうか。『聖書之研究』二六八号（一九二二年一一月）にのっている十月二十四日（火）の内村の日記には次の様にあります。「大手町に於てロマ書の講演を終って感謝を表して来た者が今日まで四人であった。（七百人中の四人である）。その内朝鮮人某（この某が当時二十一歳の金教臣であることは一九三〇年八月の『聖書朝鮮』誌に金教臣が書いている）のそれが最も強く心にひびいた。曰く『内村先生、六〇余回にわたるロマ書講義を何らの倦怠も覚えずに歓喜より歓喜の中に学ぶ事ができましたことを喜びます。小生は昨年一月を機と致しまして爾来一回も休みもなく参席を許されましたが、いよいよ本日の大観を以て天下の大事を講了なさるに当りまして、その計らざりし僥運の嬉しさに覚えず感涙の眼底を洗うをみとめまして、ひそかに恥入りました。男女であるならば或は其親より飽く程受くるともなお感謝の念の起らないこともございましょう。然し机の下にいて児女の遺屑を食わんとして、しかも児女同様のパンを与えられた時の犬には如何で其念を禁ずることができましょうか（マタイ一五・二六以下）。先生、よくも全国人の迫害と、耐え難い国賊のそしりとの中にも、極東の一角に踏み留って下さいまして十字架の聖旗を空高く守って下さいましたことを有難く感謝します。云々」と。この言を朝鮮人より受けて余も『覚えず感涙の眼底を洗うを認むる。将来余を最もよく解してくれる者は或は朝鮮人の中より出るのであるかも知れない。』」

塚本虎二に由る毎週火曜日のギリシヤ語の勉強の印象は一九三〇年五月、金教臣から友人片山徹あてに書いた手紙に次のようにあります。「片山徹兄、内村先生去られて、天地は一時私の前にも暗闇でありました。しかし福音の証明と聖書の研究は歩一歩と堅実に進みつつあると知りまして礎石は定まれりの感を強くせざるを得ません。先頃ギリシヤ語聖書研究会の会員名簿一部送られ、あの火曜かと思えば身ぶるいも致しますが、しかし楽しかったあの火曜でありました。火曜ありし故に一週は一週であった。冬あっての夏、秋あっての春とも申しますか。厳格なる先生と自尊心深き学友諸兄に永久の尊敬が湧き出ます。願くは真の旭日の勢、研究会の上にあらんことを。」

浅野猶三郎に由る伝道の忍耐の学びは次の如くで

あります。金教臣は一九二二年四月に東京高師に入学、一九二七年三月卒業しますが、一九二三年から五ヵ年間引続き夏毎に金教臣の郷里咸興を中心に一週間前後の伝道旅行を試み、金教臣が主にその通訳の役割を引受けています。そして、ふだんは東京に於ける金教臣の下宿に毎週水曜日夕毎に浅野が訪れて、時には一人相手の聖書講義を雨の日も雪の夜もかかさずに四、五年間続けています。金教臣は後にこう書いています、「先生は私の外にも朝鮮人一人づつを御自宅に招いて毎週一回の聖書講義を数年にわたって継続されたことであるが、これらの基礎工事が…爾後今日に至るまで私が雑誌編輯に疲労した時、福音伝道に失望した時に、私をして再び勇気づけてくれた。」

さて金教臣が内村に学んだものは何であったか。「我が無教会」（一九三六年九月）なる文中で彼はこう書いています。「我々が十年がかりで内村先生に学んだものは無教会主義ではなくて聖書であった。たとえ内村先生の心中に無教会主義を建設し鼓吹しようとのつもりがあったとしても、私が学んだものは無教会主義ではなくて聖書の真理であった。」

では金教臣は内村に対してどの様な関係にあるのでしょうか。一九三〇年八月の「内村鑑三論に答えて」の中で、こう書いています。「栄与であるか毀損であるか、利になるか実になるか、分らないけれども、既成事実として私には内村先生は無二の先生である。敢て言う、内村鑑三先生は私の唯一の先生である。再びいう、私は師を持つものである。中国では生而知之なる人がいたというし、使徒パウロは先生を持たざるを誇った。前者は聖人であり、後者は無類の大使徒である。しかし、私は至って平凡な道を歩んだ。即ち内村鑑三という、一人の人間の指導を通して福音の深い意味を教えられたということだ。内村先生がシリー先生の指導を受けたのも又平凡なものであったのだ。」

（b）略歴

金教臣は内村の講筵に列してそこに無類の信仰と愛国とが強烈にとけ合っているひとりのひとを見ました。一九二七年四月からはじまる金教臣の経歴は一九四五年四月、祖国の解放を目前にして召されるまで信仰と愛国の二重奏であります。一九二七年七月、『聖書朝鮮』が金教臣、宋斗用ら六人組に由って創刊されました。無教会伝道同人雑誌でありま す。私はこの時を韓国無教会のはじまりとみなします。一九二八年三月から金教臣はソウルにある私学、養正中学校の博物の教師となります。一九四〇年三月まで十二年間それが続きます。養正をやめて半年たって、その年の九月ソウルの官学、第一高校（京畿中学）の教師となりますが半年で追放されます。一九四一年十月には開城の松都高校の教師となりますが、翌年の三月に逮捕されます。その辺の事情は又項を改めて述べます。かく教師として彼は愛国の教育にはげみますが、それは日本の侵略に対する最も正しいレジスタントであったということを歴史が証明しているといえます。

一九三〇年三月、内村は『聖書之研究』三五七号を終刊号として天に召されました。その五月『聖書朝鮮』は一六号に達し、以後その同人誌は金教臣主筆となります。はからずもここで雑誌はまことの軌道に乗ったのです。一九四二年三月、一五八号が終刊号となり、金教臣らは「聖書朝鮮事件」で丸一年間の獄中生活を致します。一九四三年三月出獄、一年余の巡回伝道の後一九四四年七月興南肥料会社に入社、十ヶ月足らずで発疹チブスに罹り、一九四五年四月二十五日急逝、それより百日ほどたってその八月十五日、祖国は金教臣亡きままに開放。

（c）愛国の教育

金教臣の教育は愛国憂国の教育であった。金教臣昇天五周年記念講演（一九五〇年）の時その養正高校での教え子柳達永氏の講演の一節は次の如くです。「一九二七年私が養正高校に入学した時先生は二十八の青年教師として赴任し、私は先生の担任のクラスに生徒として五ヶ年間先生のもとで学びました。『皆さんはこの国の望です。正しく学んで行きましょう。そしてこの国の前途の為にせっせと準備をしましょう。私も皆さんと全く同じく一学徒として一緒に学びつつ歩もうと思います。』これが先生の赴任挨拶でありました。……当時私達の学ぶ地理科目は大部分が日本地理であって、我が国の地理はやっと二、三時間分だけですますように教科書が仕組まれていました。しかし私達は殆んど一ヶ年を通して我が国の地理だけを学びました。自己を明白に知ることが人生の基本であると主張されました。大高句麗を、世宗大王を、李舜臣を学びました。植民地教育の下で自己に対して盲目であった我ら少年たちは初めて自分に対して目が開くようになりました。我が国土が広くないのを、我が人口が多くないのを、白頭山が高くないのを、漢江が長くないのを嘆かないようになりました。自らをあなどりがちであった私たちは、祖国に対して再認識を根本的になすようになりました。山と川の調和の美は世界に類のない極致をなしていること、よい気候、特有な海岸線の発達、寒と暖の海流の交叉、海と水の豊富な資源、東洋の心臓の様な半島なるが故に、大陸への思う存分の発展性の内在など、幼い我らは朝鮮の未来のにない手として躍る胸をおさえることができませんでした。

金教臣の愛国の教育が成功したことの一例を、或年の卒業式の日に卒業生代表が先生に捧げた謝恩記念品贈呈文にみることができます。一九三八年四月、『聖書朝鮮』一一一号にのっています。「卒業にのぞみ、我ら何をもってかその師に感謝を捧げうるや。

以下数言を以て感謝の辞とせん。信義、他より信任される人間たれ！　と我師の叫ばれしは、実に第一学年の夏休を迎える日なりき。先生は自が小児たりし日に己が母君に対して不信義なることありしをざんげし以て教室でハンカチをぬらしぬ。我らはそれを目撃したるよ。あー、その日以来心に確と持ちてはなさず、且つ努め居るは実に信義ある人間たらんとのことなり。先生よ、我らは等しく信義のため命を堵せんと覚悟するなり。大望。ボイズ・ビ・アンビシャスと。日常教えたる訓。厖大なる野心なき所に滅亡が存す。すべからく大局に目を放てよ！　と。アー、青年よ汝の野心を厖大にと我らは心中に叫びつつ　世を渡らんのみ！……」この感謝の辞の次に金教臣は「養正十年」という短文を添えました。その一部分、「現代の欠乏物中で最大なるものは教訓の品切である。確固たる信念を以て与え得る教訓がない。小・中学にもない。専門・大学にもない。我が朝鮮のみでなく、世界列国が皆同じ。処が我らは教え子の口を通して、人生の根本道義の訓話をきいた。気蓋世なれば力抜山を連想するが、道義に立脚した確固たる信念を背景にした言辞はたとえそれが教え子らのであっても、正に気蓋世である。満場粛然！　なぜか？　数枚の原稿用紙を朗読するのにあの決死的意気！　十年間の疲労が去っただけでなく、教育界をいつ退却しても遺憾も未練もみじんもない。」

この式に同席した一卒業生からの手紙の一節、「漠然と私の脳裏にはまっていた先生の数々の教訓が、このK君の厳正な口調、明朗遒動な文章、厳粛な雰囲気の中で流れて私の鼓膜を振動した瞬間々々に、私はかって持ち得なかった厳粛な態度で、果して先生の功績は偉大であったのだ、偉大であったのだ、と感じながら、感激の涙は私のほほを流れました。」

次に金教臣の京畿中学（第一高校）での教育の一

面として、当時の生徒であった具本術氏の追憶文の一部を引用します。(『金教臣と韓国』)「我らのクラスは先生に地理学講義を週数時間ずつ受けた。教室に臨む先生は血色がよく顔容に光彩が顕われ、澄んだ瞳は柔和で愛があふれていたことを忘れられない。然し自然科学者としてのすべての事物を根源まで貫き通して視る眼光と、不正なことはチリほどもみのがすまいとする気魄のあふれる容貌は偉容だと言おうか、私としては畏れをさえ禁じ得なかったことを記憶する。外国地理中、中国篇の課目であったが、教科書内容は予習に任せて、授業時間には主に別な話を聞かせて下さった。「重慶」の説明に及ぶや三国時代宰相諸葛亮に対する話、特にその徹底した忠誠を高く評価され、有名な「出師表」を次の時間まで暗誦してくることを宿題として命ぜられた。破格的なこの様な授業様式に対して、私は驚き且つ感歎した。或る時は三一運動の独立宣言文起草や李光洙の文章の話、志操に対する話などをきかせて下さった。」「一九四〇年頃であったと思うが、弁護士をしていた父の事務所に金先生が家屋の訴訟事件で相談に来られたことがあった。数日の後父が私達息子達に話されるには、多年間多くの訴訟のことを引き受け各界各層の人士達と接してみたけれども、法律家でもない方で裁判を要する程の複雑な事件に対して理路整然と正鵠をあて、簡潔に陳述する方ははじめてだ、と言われた。」「その後私は自分の欲しなかった医学校に在学するようになった。私は専攻を変えることに決め、先生に相談した。先生は医学研究が人類と民族の為に良い道であること、特に韓国の特殊分野を開拓して行くことはやりがいのあることだといわれ、四象医学の例をあげて説明し、専攻科目を軽率に変更することはよくないといわれた。」「或日医学の同級生と二人で放課後先生の宅にご挨拶にあがった。先生は裏の畠でじゃがいもを掘っておられたが、芋を手にしたまま私たちを迎えて下さった。その時先生は幼少時代に病弱であって学生時代には神経衰弱にまでなったけれども、信仰を持つようになってからは他人以上に健康になり活動も活発になったと話して下さった。」

そこで金教臣の信仰による愛国教育の特色の一つとして、愛と労作の教育をあげるべきだと私は思います。世俗の雑務をよそに、青白い顔をして学問にだけ勤しむということが、美談ででもあるかのように思われていた在来の韓国の考え方に対して、金教臣の教育はまさにコペルニクス的な転換を意味します。この労作の教育が、やがて彼の最晩年に於ける興南肥料会社の韓国人労務者五千人の生活指導者としての任に耐えて余りあることを可能にしました。労作の教育は実践の教育であり、実践の教育は実践躬行の生活であります。信仰のみの信仰が愛国の実践を可能にしたことは、韓国に於ける無教会の指導者達の著しい共通点であります。

韓国無教会史　（二）

劉煕世

三、『聖書朝鮮』

前項で金教臣の（c）愛国の教育まで書きましたが、実はその次は金教臣の（d）無教会の伝道を書くべきでした。ところが『聖書朝鮮』は金教臣とその戦友達の信仰の戦の器であったし、現場でありました。そこでここに項を改めて『聖書朝鮮』を語ることによって金教臣の伝道を語ることにします。

（a）六人組

宋斗用は「韓国無教会と私」という文の中で六人組のおこりを次の様に書いています。「柏木の集会に韓国人が何人出席しているか、或日同宿の柳君と相談して調べた結果、咸、金、鄭、楊の四人を得、柳、宋の二人を合せて六人組になった。六人は柏木の集会のあと別の所にて韓国語の聖書を暫らく研究したが、一九二七年七月から六人は心を合わせて祖国に福音を伝えるべく『聖書朝鮮』というキリスト教無教会雑誌を発刊したのだ。一九二七年といえば新教伝来四十三年、日本による占領十七年、韓民族単一戦線なる新幹会が組織された年です。六人組の若人はこの様な組織をヨソに六人組の代表なる鄭による『聖書朝鮮』の編集後記によると、「或る物に引かれて止むに止まれず不備を顧みずに我らは立つ。我らの使命は我らに啓示された真理を曲げることなく伝える所にある。……教権者や政権者に対する恐怖があってはならない。……。」とあります。六人組は轡を並べて出陣し、第七号までは季刊、第八号（一九二九年八月）からは月刊となり第十五号（一九三〇年三月）までたどりつきます。それは彼らの信仰告白であります。聖書の体系的な研究は未だ現われず、教会の腐敗に対する攻撃は強烈であります。

(b) 新しい出発

一九三〇年三月、第十五号が出た時点で内村の昇天となります。このことと相関関係がある筈はないけれども、四月は『聖書朝鮮』の存廃問題が持上り休刊、五月の第十六号には次の様な社告があります、「これまで六人合作で経営してきた聖書朝鮮社は都合により茲に解散します。今後の経営は金教臣単独で当ります。」そしてその編集後記の中で金教臣は、「今後は十字架以外の論義には参加せざるべく殊更に決心しました。新進の学者や批評家が何と言おうと吾人は聖書に帰ろう。」と書いています。

(c) 試煉

『聖書朝鮮』が受けた試煉の最大なものは勿論その筆禍事件ですけれども、それは項を改めて書くことにし、ここではその他のことを述べます。

『聖書朝鮮』第十九号と第二十号（一九三〇年八月

号と九月号）に「内村鑑三論に答う」という論文を金教臣が書いています。それはその年の七月に朝鮮長老教会平壌神学校機関紙である所の『神学指南』第十二巻第四号に「無教会主義者内村鑑三氏に対して」という無教会攻撃の論文がのった為、それに対する答えとして書いたものです。ところがこの攻撃論文は事実の誤解に基づくものでありました。例えば内村は「朝鮮霊界を耽耽雄倪する霊的帝国主義の野心」を持っているとか、「孔子とシャカが鴨緑江を渡って来たようにイエスの福音も鴨緑江を渡って来るべきで玄海灘を渡って来るべきものでない」とかという調子でした。

『聖書朝鮮』第九十四号（一九三六年十一月号）に金教臣は内村門下の崔なる先輩の攻撃に答うる論文を数篇のせました。それによると、崔なる人はかつて内村門下に学び進んで内村の感化が深大であったことを告白したこともあったので、そのまま無教会主義を守りぬけばその権威に対抗し得るものが朝鮮内には無かった筈だけれども、今や神学万能者となり教派を創設して自からその監督に就任していました。彼がその主幹誌なる『霊と真理』第九十号で金教臣の立場を非難し、金教臣が内村に学んだものは「無教会主義でなくて聖書の真理であった」（聖書朝鮮第九十二号、一九三六年九月即ち二ヶ月前）と書いたのに対して「それは無教会主義に対する金教臣の怪異な反省である」と断言しました。実は『霊と真理』の創刊の時、その推せんの辞が『聖書朝鮮』第七号（一九二九年一月）にあります。「信仰の先輩なる崔泰瑢氏がこの度再び困難な独立伝道を開始され、兼ねて『霊と真理』なる雑誌を月一回発行することにしました。読者諸位は『霊と真理』を本誌と共に愛読して下さい。」とあります。金教臣はこの様な先輩の変化と攻撃にあって「私の見た内村鑑三先生」と題して「内村先生は勇敢な愛国者であった。」「内村先生は無教会主義を提唱したけれども、それは一二の飛沫にすぎず、本流は恒常不変のキリストの福音自体の宣揚にあった。だから内村先生から無教会主義を抜いても充分に聖書の中心真理を学ぶことができる。」と書いています。なお、「対立抗争の対象」と題して、「無教会主義は教会との対立抗争にのみその存在理由がある」、という崔の攻撃に対して、「無教会主義の本領は消極的に対立抗争する所にあるのではなくて積極的に真理を簡明し福音を生活する所にこそある。」と答えています。

さて金教臣が『聖書朝鮮』の主筆となった次の年（一九三一年）には満州事変が起りますので、時代は正に十五年戦争の朝鮮総督治下の時代であります。一九三五年にはキリスト教学校に神社参拝を強要、一九三七年には日中戦争が起り、キリスト教会に神社参拝と「皇国臣民の誓詞」を強要、一九三八年には朝鮮人陸軍特別志願令公布、中学校で朝鮮語科目廃止、国家総動員法施行、一九三九年には国民徴用令施行、一九四〇年には創氏改名実施、一九四一年には太平洋戦争が起り、一九四二年三月に「聖書朝鮮事件」となります。

(d) 激戦

このような時代に『聖書朝鮮』を書き発行し続けることは大へんな戦でありました。一九三八年一月一日付の金教臣から友人片山徹あての手紙はその一端をしのばせます。「……朝鮮に於ける月刊雑誌の発行は毎号原稿の検閲を先ず受けて、許可を得て始めて印刷するのであります。検閲の際に「治安妨害」に触れる個所は「削除」処分にされ、その削除すべき部分が数個所に及んでその分量が多いとか、又は少量でもその性質が悪質強硬であると認められた場合には「不許可」の処分を受けます。この場合は原稿を書替え又編集をやり直して新たに「許可願」の手続を取らなければならないのですが、その手続きが仲々面倒で「不許可」処分には懲罰の意味が大分加わっています。『聖書朝鮮』一〇七号（一九三七年十二月）までに「削除」は勿論のこと「不許可」処分も十数回受けたことでありましょう。その中三回は昨十二年度に「不許可」処分を受けました。第一〇五号の時は一時休刊通知まで発しました。……第一〇八号即ち新年号が続いて二回「不許可」処分になりました。次第を有りの儘に記します。第一〇八号（一九三八年一月一日発行号）の編集を終えて、出版許可願を朝鮮総督府警務局に提出したのは昭和十二年十二月十五日午前九時半。同日午后警務局より電話を以って新年号の巻頭第一頁には「皇国臣民の誓詞其一、其二」を掲ぐべしとの指令を受けました。雑誌の内容に「治安妨害」の文句があって削除されることならまだよいとしても、積極的に役人の干渉を受けて編集しなければならぬ程なら寧ろ廃刊しようと決心しましたものの、思い返せば朝鮮には唯一つある聖書雑誌である故我れを折って指令通りに誓詞を掲げることに決心しました。ところが数日後になり、右新年号の原稿は全体「不許可」処分になったことが分りました。警務局に出頭して其の理由を尋ねたら左記五個所が時局認識不足、治安妨害になるからとのこと、それで次の如く訂正して再度出版許可願を提出しました。……こんなつまらぬ所が問題になりますが、一意官命に服従して削除訂正して編集をやり直して再び許可願を出した所、又復「不許可」処分。……。今の役人は朝鮮人の総督たらんとしないで、朝鮮の犬豚の総督たらんとするらしくあります。今の朝鮮では豚にまでなり下らなければ、誰が来ても合法的出版は出来ません。『聖書朝鮮』を続刊する為には、私が東京に移住するか、或は東京に在住する友人に発行人になってもらうことでありますが前者は実行不能であり、後者は友人に多大なる厄介をかけることとなりますので、実は不本意ながら休刊（或は廃刊になるかも知れません）することにしました。又聖書講習会も解散せざるを得なくなりました。本日矢内原教授の『通信』四十九号を読み大分励まされました。その『嘉信』の誕生を待つこと切なるものがあります。……

（e） 聖書

この様な試煉を越えて金教臣の聖書の研究は着々と進められ深められて行きました。そこでは福音を伝えることと聖書を学ぶことが一つであります。そして生きることは福音を生きることであり、それは福音を学び福音を伝えることであります。彼は一九三二年三月から一九三七年九月まで前後二十九回に亘って「旧約聖書概要」を書きあげ、すぐ引き続いて「新約聖書概要」にとりかかり、一九四一年六月までに十四回に亘って「テサロニケ前書」まで書いています。結局金教臣は彼の三十代の殆どすべてをかけて聖書概要を書いたわけで、これは聖書全体を体系的に把握することに大へん役立ったのだと思われます。これを彼は一書一講と言って、聖書の各書を一書ずつとりあげ、はじめにその概要を述べ、次にその書の詳細な内容分解表をのせるという方法をとりました。「旧約概要」が終った所の第百四号（一九三七年九月）の裏表紙に次の様に書いてあります。

「旧約一書一講完結、本号のマラキ書を以て創世記以下旧約聖書三十七巻の輪廓を完結した。聖書は註釈書を広く読むよりは、本文を熟読吟味するのが最も霊の糧となる。但し初学者にとってはそのあらまし構成がどうなっているのか分らないので、読みながらも要領を把握できないことが多い。その様な不便を除き、聖書本文を読むことを助け励まそうとしたのがこの一書一講を書きはじめた動機であった。」

概要の次は本格的な聖書各巻の註解にとりかかったらしくあります。「コロサイ書講義」を一九四一年四月まで十四回に亘って完了し、「テサロニケ前書講義」の途中で筆禍事件にであいます。筆禍事件がもしなかったとしたら、或いはカルバンの膨大な註解をしのぐものが期待できたのではないでしょうか。彼のまとまった聖書研究としては別に概要を書き出す前に書き終えた『山上垂訓研究』があります。これは一九三一年と二年の間に十三回に亘って『聖書朝鮮』に発表されたものです。

（f）**読者**

金教臣は『聖書朝鮮』の創刊の辞を次の様に結びました、「聖書朝鮮よ、汝は先ずイスラエルの家に行け。…聖書よりは会堂を重視する者の家にはその足のちりを払え。聖書朝鮮よ、汝は所謂キリスト信者よりは朝鮮魂を持てる朝鮮人の所へ行け。…。聖書朝鮮よ、もし汝にさほどの忍耐力があれば汝の創刊の日以後に生まれる朝鮮人を待って面談し相論ぜよ。同志を一世紀後に期すとも何ぞ嘆ずべきや」（一九二七年七月）。果せるかな、今や金教臣研究の学位論文の数は国の内外を問わず日ましに増えて行きます。ソウルの名門神学大学の旧約学の或教授は、彼の旧約教科書として金教臣の『旧約聖書概要』を使用していると私に言ったことがあります。

金教臣は『聖書朝鮮』の主筆となった一九三〇年五月から毎月『聖書朝鮮』の巻末に身辺雑記を日記の形式で書きました。そこにはあらゆる種類の読者が登場します。これこそ形成されて行く無教会の共同体の姿であり、いぶきであります。ところが第一四六号（一九四一年三月）からこれが『聖書朝鮮』に載らなくなりました。そのわけは社告に次の如く述べられています。（月毎に本誌巻末をしめていた「聖書通信」は主筆の個人的日記であると同時に、聖書朝鮮社の公的歴史であり読者相互の消息欄でもあったのだが、それよりも実生活に応用された聖書註解であるという意味で多くの気まずさもかえりみずにこれを連載してきた。しかし生きた人の日記であるから、その中には天然界と人類と社会に対する観察もあったし感想や批判も時にはあった。今や当分の間は「聖書通信」を廃止してもっぱら聖書註解の様な純学究的なものだけで誌面をみたして続刊することにする。」とあります。この社告を読む人はすぐ悟る筈です。今や日記を載せることは聖書朝鮮の続刊を不可能にするようになっていたことを。

まさに時代は黙示の時代です。日記は『金教臣全集』六巻中の第五巻と第六巻を占める膨大なものであります。ここに登場する多くのすぐれた読者の中から次の時代をになう人々が出てきます。李賛甲は『聖書朝鮮』の創刊の頃、そこに彼と同じ世代の六人組による文章を読み、聖書と祖国への愛がいみじくも一つにとけあっていることに目をみはり胸をおどらせます。「聖書朝鮮は私がキリスト教を学びなおすようになった時に最初に接したものである。」と彼はいいます。こうして彼はその熱烈な読者となり、やがてその執筆者の一人となります。

朴碩鉉からの手紙が最初に日記に登場するのは一九三八年七月（第一一四号）であります。「…小生は一平巡査です。一九三五年一月（二八歳）はじめてイエスを信ずるようになりました。そこで読み出したキリスト教書籍は内村鑑三の『キリスト信徒の慰め』、『求安録』、『キリスト教問答』で、その次に朝鮮語の聖書を買って読みました。……一九三六年から黒崎氏主筆『永遠の生命』を購読し、朝鮮語による純福音的立場で発刊する月刊誌はないものかとたずねる中、……キリスト者申報社主筆C牧師は返信を下さり、「福音的朝鮮文月刊雑誌の中で信仰的に一番よいものは金教臣氏主筆の『聖書朝鮮』誌です。……朝鮮教会からは異端とか何とか言われるけれども、生ける信仰、その恩寵に関しては誰よりもすぐれています。……。」そこで『聖書朝鮮』の発行所を知りたいと思っている中、去る五月十日、小生を四年前に間接的に主に導いた全南○○病院の医師安鶴洙先生を訪ねた時、安先生は突然『聖書朝鮮』を見せながら、我が朝鮮にもこのような先生がいらっしゃいますよ、といいました。……」

朴晶水のことを一九三八年一二月（第一一九号）（一〇月十七日日記）から引用します。「今日結婚する長女の為、朝、祈禱会を開く。信仰の百戦を鍛錬せる朴晶水女史が我が家の慶事を霊化するべく、昨夜から泊りがけでこの祈禱会を司会した。箴言三一章一〇節以下に依り、イスラエルの女性の規範に由り教う。」

盧平久のことは第一〇一号（一九三七年六月）、五月二七日日記に次の様にあります。（執筆と校正と採点にてんてこまいしている時、東京だより（筆者註、当時宋斗用は東京旅行中にこの便りを出した）「先日塚本先生を訪ねたら朝鮮盧某という青年がご自分の集会に出て来るが、真実さは全くたとえようがないと折紙つきでほめたたえるので一度会いたいと願っていましたが、ちょうど去る二十三日会ってみると、驚く勿れ我らの親友盧××兄でありました。……イエスを信ずるという理由で免職にあい、イエスを信ずることを学ぶ限り学資をやらないという父の命令にも拘らず、信ぜされば死に亡ぶ故に信じなければならないと覚悟して、専ら信ずることにだけ全精魂をかたむけるわずかの霊魂が残されている朝鮮は全く亡びることはないと思い、感謝と歓喜とに狭い胸ははり裂けるばかりです、……。」

読者の群の中に南の海の離れ島、小鹿島なる癩療養所の人々がいたことをみのがすことができません。五九号（一九三三年十二月）の通信欄に次の様な記事があります。「小鹿島の誌友からの通信に接し、こうなれば、雑誌購読の関係でなくて恋慕する者たちの間の親展封書を接受した感がある。全南小鹿島慈恵病院といえば、特に主キリストのあわれみの中にある癩病患者の療養所である。……肉身で相まみえる機会はないかも知れないけれども、小鹿島は私の庭の盆栽よりも近くみえることは事実である。世の富者学者らは顧みないかも知れないが、小鹿島の一人の友を慰めることができる限り『聖書朝鮮』誌は健全な福音誌といえる。」こうして『聖書朝鮮』誌は小鹿島からの恋文でにぎわうようになります。

(g)　奮戦

一九四〇年一月（第一三二号）は、「我らを利用せよ」という題の文章があります。世にはひとを利用しようと昼夜策略を巡らす人々が少なくないけれども、ここにひとに利用されてあげたいと昼夜念願している人々が幾人かいます。但しキリストにありて利用されたいのですから熟考の上利用しなさい。と前置きをして、利用される準備のできている人の名を次のようにあげています。咸錫憲、宋斗用、金教臣。この三人です。かつての六人組の中の三人はついに脱落し、今や三人組となりました。三人の奮戦の備えを紹介したうちで、宋斗用の欄は次の如くであります。「君は財産もあり、技能もあって、今日まで多種多様の事業を試みてみたけれども、余生を福音伝道に捧げる決心をしたのが、すべてを試みてみた後の結論である。彼の住宅は大きく、我らのソウル聖書研究会場もその二階の一室である。君は小事に忠なれ、ということを生涯の標語のようにくり返し、冷水一杯でも温い心で汲んであげようとはげむ。故に長い病苦にさいなまれた人、甚しい貧困にであった人、人生の悲嘆に虐げられた人々は、君の個人伝道により信仰に蘇る喜びを恢復する例が一二に止らない。ソウルを中心にした個人伝道に特に注力するらしくある。」

(h)　勝戦

第百十八号（一九三八年一一月）に『嘉信』の紹介があります。「右『嘉信』第十号（十月号）に「朝鮮基督教会に関する事実」という文がある。この文の終りに黙示録から抄録した短い聖句があって、巻頭文には「捕囚」というのがある。一度読んでみるねうちのある文なる故に茲に紹介するが、よく読んでみるよう誌友に勧めます。本号に限り本社で取次ぎます。」その『嘉信』には朝鮮基督教会に関する二つの事実が紹介されています。その一つは朝鮮基督教聯合会結成に於ける宣言「国是を体し国民精神を振作し……皇国臣民として報国の誠を致さんことを期す」に対する毎日申報の社説の引用であり、もう一つは「統計に現れた朝鮮教会の自覚」というキリスト教新聞の引用です。その統計によると、教会堂で国旗を掲揚しているもの八〇%、国旗に敬礼をなしているもの九三%、国歌を奉唱するもの七九%、東方遙拝をなすもの九五%、皇国臣民の誓詞を唱和するもの九三%、年号は皇紀神社問題にも疎隔を生せず……」とあります。矢内原の引用する聖句は「神の誡令とイエスを信ずる信仰とを守る聖徒の忍耐は茲にあり、今より後主にありて死ぬる死人は幸福なり（ヨハネ黙示録一四・一二、一三）であります。この様に当時の朝鮮基督教会が節を守れなかったわけの一つは、教会という何ともならない組織を持っていたからであり、無教会はそのような組織に巻き込まれることがなかったので、変節の濁流に飲み込まれることがなかったのです。教会史学者閔庚培教授は「金教臣と民族キリスト教」という論文の結論として「金教臣は無教会主義者とみる前に民族基督者とみなし、その典型の最初の原型であるとみるべきであると思う。」と書き、「エレミヤの様な愛国信仰家金教臣、彼は民族教会史の遠い未来まで雲の柱の様に高く白くそびえその路すじと同行して行くだろう。……。」と結びましたのは当っていると思います。けれどもその論文の中途で一九三七年二月（『聖書朝鮮』第九十七号）での発言「我等は教会に対する一切の非難攻撃を中止する。」を引用して「これはまさに一八〇度の転換を意味する。」とかき、「彼は無教会に対する事実上の解消を意味したかも知れない。」と判断したのは当っていないと思います。なぜなら金教臣はあの発言の直前にちゃんと断って「『聖書朝鮮』は論難攻撃を主とする存在だとか、その闘争を以て快とするとかみなす人々がいるけれども、それは本誌を大いに誤解している」と書いているからであります。すなわち金教臣のあの発言は一八〇度の転換ではなくて『聖書朝鮮』への誤解に対する弁護であります。ですからそれから四年半たって一九四一年八月には「私は無教会主義者である」という題のもとに「かつて無教会の景気がよくて、猫も杓子《しゃくし》も無教会無教会といっていた時代には我らは無教会看板取下げの議なる文を発表したことがあった（第一〇〇号）。しかし最近我らは無教会者であることを再び鮮明にする必要を切実に感ずる。それは無教会の旗色が悪く、その指導者を自認する者すら教会の外に救なし、というまでに転向したり或いはそれに近い態度を取るからである。」と書いています。閔教授が学者的良心に立って金教臣の民族基督教史上のすぐれたユニークな業跡を認めながらも「金教臣が民族信仰人であったか、でなかったら無教会主義者であったかを決定しなければならない時が来ていた。……」と判断したのは、教授が「無教会」を或る固定的なものとみなし、それと「民族キリスト教」とを対立させて考えたからだと思われます。無教会はそのような固定概念ではなく、霊と真実とをもって霊なる神を拝する所の生命そのものであります。『聖書朝鮮』はその名の示す如くに我が民の傷を癒《いや》すものたるべく、学者達が「民族キリスト教」と名ずくるものを出発のはじめから実はめざしていたといえます。

四、聖書朝鮮事件

（a）吊蛙

一九四二年三月、『聖書朝鮮』第一五八号の巻頭言に「吊蛙」という短い文がのりましたが､之が所謂「聖書朝鮮事件」の発端となって雑誌は廃刊になり、数百の検束者を出し、金教臣、宋斗用、咸錫憲、李賛甲、柳達永らの主だった人十数人は一ヶ年間囹圄の身となりました。吊蛙の全文をここに訳してみます。

　昨年の秋の暮以来新しい祈の場が出来た。層をなす岩に屏風のように囲まれ、細い瀧の流れ落ちる底に小さな潭が形造られた所、平たい岩が一つ潭の中ほどに突出て、一人が膝まずいて祈るのには最も適した天成の神殿である。この岩の上で或は細く、或は大きく祈り求め、又は讃美をしていると、前後左右にのそのそとはい上るのは池の中で岩色に適応して保護色をなした蛙どもである。山の中に大異変でも起ったかのような表情で新来の客に接近する蛙たちは、時には五・六匹、時には七・八匹、晩秋も過ぎて池の上にうす氷がはり初めるにつれて、蛙君たちの挙動も日に日に緩慢になり、やがて厚い氷が底に届く視界をさえぎった後は、祈りと讃美の音波が彼らの鼓膜に届かないのか知るすべがなかった。春雨がふり注いだ日の朝、この岩間の氷塊もついに溶ける日が来た。しばらくぶりに親友蛙どもの安否を問うべき潭の中を覗いて見ると、アー蛙の死体が二つ、三つ潭の隅に浮いているではないか。思うに、この冬の大変な寒さの故に、小さな潭の底まで凍り、そのためにこの惨事となったものらしい。例年は凍らなかった所まで凍りついたためらしい。凍死した蛙の死体を集めて埋葬してやり、潭の底をのぞいてみると、まだ二三匹蠢《うごめ》いている。アー全滅は免れたらしい。

この終刊号の目次の主なものの中には、この「吊蛙」の外に、「復活の春」、「テサロニケ前書講義」（第八回）、「偉大な要求」其他（内村鑑三の短文の翻訳、全啓殷牧師の訃報）、等がありました。

さて、この吊蛙なる文章のどこがどうして悪いのでしょうか。警察当局は取調べの時、金教臣らにこう言ったということです。「お前たちは俺達がこれまでにつかまえた朝鮮人の中で最も悪質の部類に属する。結社だとか、組織だとかいって、おっちょこちょいの運動家はかえってよい。しかし、お前たちは宗教の仮面をかぶって朝鮮民族の精神を深く植えつけ百年後でも、いや五百年後でも独立ができる下地を作ろうとするけしからん奴らだ。」金教臣は後で柳達永にもらしたそうです。「日本の警察はなかなか見る眼を持っている。」と。

「吊蛙」の背景を柳達永は次の様にかいています。

金教臣が開城に移ってきた一九四一年の秋の暮から冬も春もひたすらに、朝の四時半に家を出て吊蛙潭で水浴びされた後、祈られ、讃美され、六時に帰って来られた。私もたまに先生のお伴をしてこの谷間で祈った。夜明け前の輝く星をあおぎながら、或いは枯枝にかかるさえた下弦の月を眺めながらこの谷で声高く讃美すれば万象は一時に応答するが如く、潭の中の盤の上に伏して朝鮮の救いを切に祈る師の面影《おもかげ》は、ソドムの城の前に置かれたこの民を支える一つの巨大な柱の如く、たとえようのない偉大な姿であった。

（b）火の燃える炉

金教臣は丸一ケ年の獄中生活を終えるや、友人片山徹に次の様な手紙を送っています。

「小生昨二十九日夜半、主イエスキリストに在りて無事出監を許されました。咸、宋両君等と共に一同十三人霊肉共に支えられて感謝と讃美の中に帰宅致しました。……私は過ぎし満一ケ年間の囹圄《れいご》の生活に於て難題に逢着せる度に夢に内村先生が現われて、或は激励し或は教誨なされ、或は慰めつつ私を指導されたことでありました。実に過ぎし一ケ年間は、内村先生と起居を共にせる三百六十五日間でありました。……一九四三年三月三十日。この手紙をよんで我々はダニエル書三章にある「火の燃える炉」にぶちこまれたダニエルの三人の女人のことを思います。炉の中にぶちこまれた人は三人でしたのに、そこには四人がいた（ダニエル三・二五）ということです。内村先生は金教臣らと獄中生活を共にしていたのでした。

（c）主の大庭

一九四三年七月、矢内原の『嘉信』六十七号に「感想」というものがあります。金教臣が出獄後家庭集会に於いて詩篇に寄せて獄中所感を語ったものを、朴碩鉉が筆記して矢内原に送ったものです。

詩篇第八十四篇、「汝の大庭にすまう一日は千日にまされり……」「あの場所に閉じ」こめられて居っても神と共に居る一日は、この世の情欲の奴隷となり切って飽食暖衣の生涯を送る千日よりもまさる。詩篇第百二十一篇……逆境に遭遇したる時、平素信仰のみを絶叫せし者でも不知不識の間の先輩知人等の何等かの力を借りたくなり、徒らに心の中であの人この人と云う風に期待をかけて見たりしてこの世的の運動工作にのり出さんとするけれども、結局人間からは扶助《たすけ》は来ない、矢張り天地を造り給える神より来る。この千古の真理を今度身を以て体験したのである。……

（d）後日譚

ここで出獄後金教臣の動静を幾通の手紙によってのぞくことにします。一九四三年十二月一日付、「私はここ教友の経営する工場の助力を兼ね、散在する友人たちを訪ね慰め励ましながら巡っている。年末頃は帰京し、私が前に年末休暇を守る群と同行して喜びと讃美の声をあげつつ彼らを神の家に導びいたが……と歌いながら北漢山にでも登りたい。君の在職中に世宗大主の聖陵にも参拝せねばならないし、悠々と流れる漢江の河原の柳の枝に我らの琴をかけたい。」

一九四四年九月三日付、「……七月から興南の日本窒素燃料工業株式会社龍興工場勤労課という所に来て口に糊をつけている。埃及《エジプト》であるので食と肉で飽腹している。……」

一九四四年十月三日付「……構わなければこちらへ来て工場の職工たちが住む社宅八百余戸、人口三千余人の福利施設と訓育指導の仕事を共にやってみたらどうだ。……今日なすべき仕事が山ほどある。」

興南　日窒社宅で。

一九四四年十一月十三日付、「十一日夕松都着、十二日朝松嶽山麓祈の場へ行ってみた。岩も蛙もエビも昔の如く私を迎えてくれた。共に祈り水あびをし、散策し、そして下山した。

一九四四年十二月二十八日付、「担当すべき仕事の概要だけを記すれば、西本宮社宅といって半島人工員の居住する地区、我々はここで衣食住に関する福祉増進のことから児童成人の教育衛生等約四、五千人の人の為になる凡ゆる仕事を果すべき責任を負わされているのです。その中で貴君は生活物資の公平且つ迅速な配給係の責任者になってもらいたく、傍ら約五万坪の農園を管理し主として蔬菜を生産して之を従業員に配給する仕事です。……教育という名のつく教育よりは西本宮の仕事の方が遙かに教育的でもあり、生々した仕事でもある様に私には思われます。工場長や勤労課長等ここの人々は教育家や官吏達よりははるかに純真な人間であり、血の通う同胞であります。私は工場に入って新世界を発見したのです。教育界から出たことが水たまりから太平洋に移った感じであります。……興南で。」

一九四五年四月十二日付、「一昨日は工場の重要幹部数人が不意に西本宮の社宅地区を視察した結果、

1．不潔だった社宅地区が全体的に清潔整頓されていること。

2．社宅住民の生活におちつきが顕著であること。

3．管理係、事務室、講習所等、みすぼらしい建物だけれども清浄であり、立派に修理され、智と誠意を傾注している痕跡が顕著であること。

4．合宿特にその食堂、炊事場等が大理石で装飾された大食堂よりも立派で清潔であること。

等に着眼し、昨十一日の在興南日窒素の各工場長会議に公布し、今月末頃には各工場重要人物達が我ら西本宮見学に来ることになっています。西本宮に人がいることが彼らにやっと認識されたらしいのです。我らは仕事の貴賤に係らず、地位の高下に介意せず、専ら置かれた場で誰にも劣らないように、ただ単には日本人に負けないのみならず、英米独仏のどの人間にも劣らず、まかされた任務に忠実に高貴に賢明にはげむべく、日夜夢の中でも努力しようと智と力と信とで主に祈り求めますが、之亦我らの野心であります。一騎当千。一対一で当ることにおいては我らはどうして他に劣りましょうか。なお貧乏で窮賤である者を貧弱な施設の中から起こし教導すること、下水道清掃をすること、これらは我らに任された責務であり使命であります。最大の精神と誠を傾注してなすべきであります。……興南で。」

この各工場重要幹部連のはえある見学を待たずに、金教臣は一九四五年四月二十五日、天に召されました。

五、解放祖国

一九四五年八月十五日、祖国は解放されました。解放を目の前にして金教臣は興南の肥料工場で倒れ

ました。齢四十四。内村鑑三が『聖書之研究』によ
る戦斗を開始した頃の齢と同じ位でしかありません
でした。金教臣の遺骸の前で同志らは泣きました。
「先生の死はピスカの峯に於けるモーセの死である。
我々はどうしようか。一人一人小さいヨシュアに
なってヨルダンを渡ろう。」

（a）韓国戦争まで

一九四六年になるといちはやく宋斗用主事の伝道誌『霊断』（『聖書信愛』の前身）と盧平久主筆の伝道誌『聖書研究』が生まれました。一九四六年一一月に出た『聖書研究』の創刊号の巻頭言は「原動力としての聖書」という題であります。いわく「聖書研究。朝鮮人は兄今人類の前に、歴史の上に、そして摂理の神の前に、提出された独立という偉大な問題によってその実力をテストされようとしている厳粛な時に出会っている。……我らが今日朝鮮人として及ばずながら愛国的心ざしをもって聖書研究をなそうとするわけは、聖書こそ実にあらゆる国家、民族社会、そしてあらゆる文化の原動力であるからである。……世界歴史は世界審判。これは世界史の結論である。吾人は永遠不動なる聖書の真理のみが之に耐え得ることを確信して、愛する朝鮮をこの聖書真理の上に建てようとする。同時にあらゆる真理の敵に対して宣戦を布告する。」

一九四八年四月には霊断社と聖書研究社の共同主催で咸錫憲の基督教講演会がソウルを皮切りに全国主要都市を巡りながら行われました。その呼びかけの言葉にいわく「思想と信仰の涸渇せる祖国の惨状！我らがついに咸錫憲先生の講演会を主催する所以だ。現代人よ、同胞よ、来り聴け。危機は切迫した。」

一九四八年八月には夏季聖書講演会が開かれました。会員資格は『霊断』と『聖書研究』の読者及びその紹介者、講義はイザヤ等、講師は咸錫憲でありました。

一九五〇年四月一日、動乱勃発二ヶ月前、「内村鑑三先生二十周年記念基督教講演会」がソウルで行われました。演題と講師は次の如くです。司会　盧平久。「先駆者としての内村鑑三」安鶴洙。「金教臣と朝鮮」柳達永。「線外に立つ者」宋斗用。「第二の宗教改革」咸錫憲。

さて咸錫憲は解散前に『聖書朝鮮』誌上に「聖書的立場から見た朝鮮歴史」を連載し、引き続いて世界歴史を発表しましたが、その朝鮮歴史に対する金教臣の評価は次の如くでした。「咸錫憲の筆になる聖書の立場からみた朝鮮歴史は、現代の予言書である。朝鮮に新教が伝来して以来五十年間の最大の収穫、否、朝鮮歴史あって以来の最大文字と言われる。朝鮮に於ける摂理のみ手の解釈である。」盧平久は聖書研究の誌上に創刊号からこの歴史を全部再録し動乱の前までに載せおえました。動乱のただ中で安鶴洙は殉教し、宋斗用も咸錫憲も盧平久も李賛甲も、南へ南へと避難しました。動乱の銷煙が薄らぐにつれて、咸錫憲の姿が次第に無教会陣営から遠ざかって行きました。彼はますます有名になって行きましたけれども、すでに無教会を乗り越え、より世界的な組織、クェイカー教徒を名乗るようになりました。他方無教会の者たちはそれぞれの持場を守っていました。

(b) それから

それから今日までは無教会の現代史であります。現代史を現代に住む者が書くことは不可能であり冒険であります。そこで、ごくあらましと思われることを簡単にのべます。一九五四年四月、盧平久は再びソウルに戻って来ました。『聖書研究』は第四十三号になっていました。避難地の先々で、侵略軍のタンクの遠吠を耳にしながら聖書研究誌を出し続けることは骨身を削るような苦しさでした。流浪の地にて『神曲』をかき上げたダンテを思います。一九五三年の夏には、動乱後第一回の夏季聖書講習会が開かれました。場所は鶏龍山で、盧平久の「ガラテヤ書講義」と高乗呂の「マルコ伝講義」がありました。この集会で印象的であったことは、安鶴洙は既に天に在り、咸錫憲は参加せず、「聖書朝鮮事件」のベテラン、宋斗用、李賛甲の二人が参加したことです。

それ以来今日まで、夏と冬の聖書講習会も四月の「金教臣記念講演会」も盧平久の呼かけによって聖書研究社主催でなされて来ました。今や戦の場を天に移された李賛甲も朴碩鉉も、今病床にある宋斗用も皆この呼かけに積極的に呼応しました。『金教臣全集』も『聖書朝鮮復刻版』の刊行も盧平久によって完成されました。李賛甲の働きの特色は農村の子弟の教育であり、朴碩鉉の働きの特色は山奥の無学な貧しい婦女子への伝道でありました。病床にある宋斗用の伝道集会と伝道雑誌『聖書信愛』の編集とは弟子の李瑨求が引きついでいます。ことし一九八五年の夏季聖書講習会は俗離山で行われました。四十人程の人が集りましたが、次の様な特色がありました。

①教師をしている人が多かったこと。②家庭婦人が多かったこと。③平均年令が若かったこと。④語り手は大邱集会の朴魯勲、巡回伝道者の劉源相、そして私の三人であって、盧平久はつとめて語らず、会全体の規律を確立させていたこと。さて盧平久主筆、無教会信仰雑誌『聖書研究』の膨大な復刻版は、解放祖国四十年の歩みの中での無教会の戦いの生々しい記録であります。その戦のひとこまひとこまが、悉く今日の私たちの戦と直結しています。

六、行くえ

(a) 十字架を負うて。

「だれでもわたしについてきたいと思うなら、自分を捨て、自分の十字架を負うて、わたしに従って来なさい」(マルコ八・三四)。韓国無教会の行くえも、イエスのこの言葉に従って行く以外にはあり得ません。一九八四年の「日韓無教会シムポジウム」の時、病をおして最後の出席をされた人が二人いました。朴碩鉉と金愛恩であります。彼らは祈りの人、聖書の人、苦難の人、愛の人。この世の刃を粉微塵《こなみじん》に砕かれた柔和そのものの人。私は韓国無教会の未来像を考える時、十字架を負うて行ったこれらの人々の柔和以上のものを考えることができません。永い病苦の故に身はやせ細り、気力は衰え果て、やがていまわの時に声だけが残り、その声をふりしぼってイエスを讃美しつつ天がけって行った人、朴碩鉉。その手からペンが落ちるまでイエスの讃美を書きつづけた人、朴碩鉉。金教臣から朴碩鉉を経て、我らは今その次の時代に踏みこんでいます。金愛恩女史は宋斗用の弟子の一人で朴晶水女史の嫁に当ります。

彼女は愛する者をもぎ取られ、腕を折られ脚を砕かれ骨を削られても、彼女の口には感謝があふれ彼女の眼には喜があふれていました。彼女はその師に対することプリスキラのパウロに対するが如く、その姑に対することルツのナオミに対するが如く、そして、無教会共同体の中ではマリヤ姉妹の如くでありました。思えば一九二五年五月、飄然と東京に渡り内村鑑三の門をたたいた宋斗用の学んだ信仰のみの信仰が、この様な実を結んだのでした。イエスは言いました。「あなたも行って同じようにしなさい」(ルカ一〇、二七)

(b) 地の果まで、

一九八三年、盧平久の世界一周旅行は、我らの視野を世界大にし、我等の世界史的な使命を確認させ、金教臣以来の我らの信仰がまことに神よりのものであったことをためさせました。金教臣を韓国史に於て李舜臣になぞらえる人がいます。クリスチャンとしてではなくても歴史上の第一級の器だという意味です。神はどうしてこの様な韓国史上の最上の人物を選んで無教会の先達としたのでしょうか。李退溪の儒学が半島にくすぶっていないように、金教臣の無教会は長白山で盡きてはならないのです。

われらはわが民の世界史的な使命を思います。神が金教臣のような優れた人を無教会に追いやったわけは、我が民が世界史的な使命を果す道がこれ以外にはないからではないでしょうか。二十世紀のはじめの頃、日本の著名なある国際政治経済学者は、韓国の民を評して「これは有史以前の民である。」といいました。われらがこの様に他から蔑すまれることは残念なことですけれども、やがてまもなく二十一世紀になりますが、そこでもこの世界史に無価値な民として存在することは許されないのです。韓国には一八世紀にカトリクが入り、十九世紀にプロテスタントが入り、二十世紀に無教会が入りました。やがて二十一世紀は結論を出すべき時です。

(c) 先ず

イエスは言います。「先ず神の国と神の義とを求めなさい。そうすれば、これらのものは、すべて添えて与えられるであろう」（マタイ六、三三）と。ここに我々が先ず求めるべきものと、添えて与えられるものとの対照があります。「よい木はよい実を結ぶ。」（マタイ七、一七）とイエスが言う場合も、よい木は先ず求めるべきもので、よい実はそえて与えられるものです。韓国のキリスト教は今、膨張一路にあり、北韓のキリスト教人口はゼロですけども、南韓のそれは四千万の人々の中で一千万に迫っているといわれます。ソウルにある或教会は一教会だけで会員が五十万、数では世界一だといいます。こうなると数の膨張の背後には多くの副作用が伴ないます。先ず求めるべきものと添えて与えられるものとの本末転倒の危険がつき従います。門戸を広く開いて教勢拡張は至上課題となります。こういう危険をさける為であったのでしょう、イエスも内村も金教臣の門戸をきびしく狭めていました。私達はひたすらに先ず神の国と神の義を求める集団となりたいのです。教会に異端として退けられながら、かえって教会の救いのために祈り、教会の救いを通してこの民の救いと、人類の救いのために祈りつづける集団となりたいのです。

(d) ゲリラ部隊

クリスチャンは十字架の兵《つわもの》であります。正面の敵は闇の世の主権者であり、天上の悪の霊であります(エペソ六、一二)。我らの指令官はイエスであり、我らの戦はわが主の戦《いくさ》であります。それは勝戦《かちいくさ》でありますが激しい戦であります。血の海を越えての戦だからであります。さて主の軍には秩序整然たる大軍団があります。カトリック、オウソドクス、プロテスタント等。しかし、それとは別にあるいはそれと同時に、わが主はゲリラ部隊を必要とし給う。われらはそう確信します。ゲリラ部隊の特色は指令官直属ということです。韓国無教会の陣営はわが主のゲリラ部隊となって、わが主の戦に馳せ参ずるものであり続けようとします。

(監修者・註) 本稿は、一九八五年八月に行われた「無教会夏期懇談会」の記録(田村光三編、一九八六年)を転載したものである。

索引

韓国無教会双書（全9巻　別巻1）

第1巻	＊信仰と人生　上	（金教臣）
第2巻	＊信仰と人生　下	（金教臣）
第3巻	山上の垂訓	（金教臣）
第4巻	＊日記1　1930-1934年	（金教臣）
第5巻	日記2　1935-1936年	（金教臣）
第6巻	日記3　1937-1938年	（金教臣）
第7巻	日記4　1939-1941年	（金教臣）
第8巻	信仰文集　上	（宋斗用）
第9巻	信仰文集　下	（宋斗用）
別　巻	＊金教臣――日本統治下の朝鮮人キリスト教者の生涯	

（＊キリスト教図書出版社版の復刻）

本双書は当初キリスト教図書出版社から刊行されたが、同社創業者・岡野行雄（1930-2021）氏の死により全10巻構想のうち4冊で中断を余儀なくされた。その後、岡野氏と皓星社創業者・藤巻修一の生前の交友により皓星社が構想を引き継いで残された6冊を編集し、既刊と併せて装いを新たに出版することとした。

韓国無教会双書　第8巻
信仰文集　上

2023年12月25日　初版発行

著　者　宋斗用
訳　者　曺享均
監　修　森山浩二

発行所　株式会社 皓星社
発行者　晴山生菜
〒101-0051 東京都千代田区神田神保町3-10
宝栄ビル6階
電話：03-6272-9330　FAX：03-6272-9921
URL http://www.libro-koseisha.co.jp/
E-mail：book-order@libro-koseisha.co.jp

印刷　製本　精文堂印刷株式会社

ISBN978-4-7744-0811-8